Casos RAROS

Libro #1

En El Nuevo Testamento con <u>Posibilidades de Interpretaciones</u>; En Pasajes de Intriga y Enigma
<u>En Los 4 Evangelios</u>

Por José E. Espinoza

SERIES: "Casos RAROS en el Nuevo Testamento de La Biblia con Posibilidades de Interpretaciónes; en Pasajes de Intriga y Enigma"

Nota del autor:

A mis queridos lectores, y con todo el respeto a los demás escritores, eruditos, teólogos e intérpretes de cualquier parte de las Sagradas Escrituras (La Biblia); A menos que literalmente diga ("*escrito") en una oración completa, párrafo o afirmación, como *Génesis 1:1 "**En el principio Dios creó los cielos y la tierra.*" (Eso es lo que *está *escrito, eso es lo que *significa*. Y por lo tanto, *no necesita ninguna interpretación adicional). De lo contrario, no importa quién lo diga o escriba al respecto, ya sea como comentario, punto de vista personal o explicación teológica, es simplemente **una POSIBILIDAD DE INTERPRETACIÓN**, nada más y/o nada menos.

– José E. Espinoza

Dedicación

Para un ser humano interesado en los registros bíblicos de las Sagradas Escrituras, con el deseo y el propósito de conocer y comprender los secretos del reino de Dios.

- *José E. Espinoza*

Este Libro Pertenece a:

____

Contenido

Índice

Introducción

¿Alguna vez te has preguntado por qué ciertos **CASOS** en los Evangelios resultan tan inusuales, **RAROS,** o enigmáticos, casi como si estas historias no encajaran del todo con el flujo predecible de milagros y parábolas? Quizás esto sea un detalle que te sorprende, en **pasajes INTRIGANTES** del Nuevo Testamento tales como: un **bebé saltando en el vientre de la madre 'empoderado' por El Espíritu Santo**, una **estrella** que 'se mueve y se detiene', un profeta que 'vive de langostas y miel', o **un ángel** que 'aparece silenciosamente en el sueño' de alguien. Estos momentos son fáciles de pasar por alto, pero para cualquiera que tenga la curiosidad, de detenerse y mirar de verdad a estos casos, le **abren puertas a preguntas más profundas** sobre la fe, el propósito y la propia naturaleza de la obra de Dios en el mundo.

Este libro está diseñado para quienes quieren ir más allá de las lecturas superficiales, especialmente para jóvenes Cristianos y nuevos creyentes, que buscan verdadero contenido en su camino de fe, líderes de estudios bíblicos que esperan iniciar nuevas conversaciones y lectores que anhelan explicaciones honestas para algunos de los momentos más desconcertantes del Evangelio. Aquí, nos detenemos sobre los casos raros dispersos a lo largo de los cuatro Evangelios, tratando cada uno no como una nota al pie, sino como una invitación a explorar las formas extraordinarias en que Dios actúa, habla y se revela. **Estos pasajes** pueden parecer **enigmáticos** al principio, pero en ellos se encuentran claves para entender el carácter de Dios —y nuestro propio camino con Él— de formas que quizá nunca habríamos imaginado.

¿Qué hace que estas historias o casos raros destaquen? Para empezar, desafían las suposiciones. Esperamos que los llamamientos lleguen a la fase de fe adulta tras años de desarrollo de sabiduría, pero la historia de Juan el Bautista pone en duda esta idea al ser lleno del Espíritu Santo antes de nacer. ¿Cómo podemos entender el embarazo imposible de María o la guía transformadora de José a través de los sueños? ¿Por qué los Evangelios dedicarían tanta atención a una estrella en movimiento, bestias salvajes en el desierto o la breve visita de ángeles, y sin embargo dejan años de la adolescencia de Jesús resumidos en un solo versículo? Estas preguntas no son solo trivial para expertos en la Biblia: son puntos de contacto para cualquiera que busque entender cómo la fe interactúa con la vida real, la incertidumbre e incluso la aparente contradicción.

Muchos libros ofrecen una narración directa de la vida de Jesús, sus enseñanzas, su sacrificio y su resurrección. **Pero muy pocos se detienen en los raros detalles—los casos atípicos que desafían una explicación sencilla.** Sin embargo, esos son a menudo los lugares donde nos encontramos más desafiados en nuestra lectura, ya sea solos, en pequeños grupos o en el aula. **Este libro pretende** convertir esos momentos de confusión o curiosidad en una fuente de crecimiento y discusión, en lugar de frustración o duda. Cada capítulo aborda uno de estos casos tan raros, basándose en un análisis cuidadoso y en perspectivas accesibles, siempre con el objetivo de hacer que ideas complejas sean comprensibles y profundamente relevantes para la actualidad.

A medida que lees, descubrirás que **el Nuevo Testamento está lleno de misterio y significado** bajo su superficie familiar. Las historias que aquí se exploran atraviesan las fronteras de cultura, época y tradición; se niegan a ser condensados en fórmulas ordenadas o en morales superficiales. En cambio, invitan a reflexionar sobre lo que realmente significa encontrarse con Dios—no solo en lo que se explica fácilmente, sino en aquellas experiencias que estiran nuestra comprensión y nos llevan a plantearnos preguntas más grandes.

Piensa en cómo los Evangelios presentan a los protagonistas principales no con gran fanfarria, sino a través de actos silenciosos y a veces desconcertantes: un recién nacido reconocido como rey por sabios extranjeros tras una estrella impredecible, un niño de 12 años que asombra a los maestros eruditos del templo, un predicador que emerge del desierto con ropas extrañas, anunciando un punto de inflexion y nuevo comienzo para el mundo. Cada episodio nos llama a replantearnos nuestras definiciones de llamado, grandeza y preparación espiritual. ¿Por qué destacar estos casos de rarezas? Porque los Evangelios parecen empeñados en mostrar que los caminos de Dios rara vez están sujetos a limitaciones humanas, plazos o expectativas culturales.

Para los grupos de studio, líderes y educadores, **estos textos pueden convertirse en valiosos momentos de enseñanza**. Nos empujan a lidiar con la ambigüedad, a apreciar múltiples interpretaciones válidas y a aceptar que a veces la fe significa vivir en la tensión entre el misterio y la revelación. Las explicaciones que se ofrecen aquí evitan el lenguaje técnico y la argumentación académica intensa. En cambio, el enfoque está en la claridad, el razonamiento accesible y el espacio para la exploración honesta, cualidades que fomentan un compromiso genuino tanto entre jóvenes creyentes o tiernos en la fe , como al igual que en estudioso y maduros en el camino del Señor.

En cada paso, encontrarás ánimo para pensar críticamente, reflexionar en oración y debatir abiertamente. La propia Escritura modela este enfoque: la iglesia primitiva debatía, cuestionaba e interpretaba conjuntamente, aprendiendo que la fe vibrante no se ve amenazada por pasajes difíciles, sino que en realidad se enriquece con ellos. Al examinar historias de milagros junto con genealogías, visiones, rituales y más, desarrollamos un conjunto de herramientas para manejar no solo lo que aceptamos por fe en la biblia, sino también situaciones reales llenas de dudas, cambios y descubrimientos.

Una convicción central detrás de esta colección es que Dios actúa con la misma fuerza en momentos ocultos o confusos que en intervenciones dramáticas. Ya sea **Simeón** esperando fielmente **ver al Mesías** antes de morir, Jesús dando un paso adelante para el **bautismo sin tener necesidad de arrepentimiento**, o el Espíritu guiándole deliberadamente hacia la tentación, estas escenas nos recuerdan que el propósito divino a menudo se despliega mucho antes de que lo reconozcamos. **A veces, las lecciones más importantes** no vienen de lo que se grita en voz alta, sino de lo que se susurra en voz baja. De hecho, los mismos "silencios" en los Evangelios (como **los años silenciosos de Jesús)** tienen tanto peso como las maravillas y palabras. Enseñan humildad, paciencia y el valor de una preparación constante e invisible.

Lo más importante es que abordar estos casos raros puede profundizar tu confianza en que **la fe no depende de tener todas las respuestas**. Es posible, e incluso necesario, vivir con preguntas y confiar en que Dios acoge tu curiosidad—incluso tus dudas—como parte de tu desarrollo espiritual. A medida que avanzas por capítulos centrados en pasajes desafiantes, verás formas prácticas de abordar versículos difíciles: leer atentamente para encontrar contexto, buscar el panorama general, orar por iluminación spiritual en perspectivas y apoyarte en la sabiduría de una comunidad de confianza. También encontrarás herramientas para discernir cuándo un pasaje puede estar mal aplicado o distorsionado, protegiéndote a ti mismo y a otros de la confusión o el engaño mediante hábitos de pensamiento crítico, apertura espiritual y responsabilidad mutua.

A lo largo del libro, se recuerda una y otra vez: **la Palabra de Dios** no es solo algo que hay que diseccionar o dominar, sino algo que hay que vivir y experimentar. El mismo Espíritu que inspiró estos raros momentos de la historia está presente ahora, guiándote hacia una mayor madurez, resiliencia y esperanza—ya sea que te acerques a la Biblia por primera vez o que guíes a otros hacia una verdad más profunda. Cada caso raro ofrece un punto de partida para una conversación continua, inspirándote a buscar la presencia de Dios no solo en lo espectacular, sino en los acontecimientos pasados por alto y ordinarios de la vida cotidiana.

Ya sea que busques respuestas a preguntas de larga data, te prepares para una clase en grupo juvenil o simplemente tengas ganas de ir más allá de versículos familiares, **este libro ofrece una guía para profundizar** más. Saldrás mejor preparado para afrontar la incertidumbre, más cómodo con la complejidad y más apreciador de la riqueza en capas que hace que los Evangelios sean infinitamente fascinantes. **Estos casos raros** no solo llenarán tu mente de hechos teológicos; ellos moldearán cómo abordas la Escritura, a ti mismo y a los demás—con curiosidad, humildad y expectativa de la sorprendente gracia de Dios.

Así que, al comenzar esta exploración, trae tu ser completo: preguntas, esperanzas, dudas y todo. Espera que tu perspectiva se amplíe y que tu comprensión se profundice. Deja que estas historias poco comunes desafíen los límites de lo que creías posible, y que encuentres, en las páginas siguientes, tanto el valor para enfrentarte a verdades misteriosas como la alegría de descubrir que la fe prospera mejor cuando da espacio para el asombro, el diálogo y el crecimiento.

Parte 1:

RAREZA En ...

Una 'NUEVA ERA'

Capítulo 1:

Caso Raro de …

Un BEBÉ

Lleno del Espíritu Santo Antes de Nacer

Lucas 1:15, y **Lucas 1:41** – **(Biblia)** – VRV 1960. & NVI.

Singularidad de un Raro Profeta: 'Juan el Bautista' "Lleno del Espíritu Santo" aún en el vientre de la madre

¿Qué significa (en este caso) ser elegido para un 'propósito especial' incluso antes de dar tu primer aliento? ¿Puede alguien ser apartado o **lleno de poder del Espíritu Santo mientras aún está en el vientre?** Estas ideas pueden parecer extrañas o incluso imposibles, especialmente si consideramos cómo la mayoría de las personas comienzan sus caminos: crecer, aprender y descubrir sus roles a través de la experiencia. Pero, ¿y si existiera una historia que desafíe esta comprensión común? ¿Y si la vida de una persona estuviera marcada por un propósito divino desde el principio, moldeando todo lo que llegaría a ser? ¿Ser llenos del Espíritu Santo antes de nacer? ¿Cómo podía **un niño aún en el vientre** llevar una señal tan poderosa de la presencia y el propósito de Dios? ¿Qué nos dice esta unción temprana sobre **Juan el Bautista** y su papel único en la historia de la salvación? Estas preguntas nos invitan a explorar un detalle extraordinario que se encuentra en uno de los lugares más inesperados de las escrituras del Nuevo Testamento. Al examinar la comprensión del Espíritu Santo en el mundo antiguo, el rico simbolismo detrás de la vocación prenatal y la forma en que esta idea desafía suposiciones comunes, abrimos una ventana a cómo se desarrollan los planes de Dios incluso antes de que comience la vida. Y al mismo tiempo, tales preguntas nos invitan a reflexionar profundamente sobre el llamado al servicio de Dios, el destino y las formas en que algo mayor podría estar en acción, de forma silenciosa y poderosa, mucho antes de que nos demos cuenta. Este capítulo nos invita a explorar esos misterios y a reflexionar sobre lo que realmente significa estar separado desde el principio, o aún antes de nacer. Además, nos guiará a través de nuevas perspectivas que profundizarán nuestra comprensión de la identidad de Juan el bautista y el significado detrás de la notable afirmación de (el escritor) Lucas, ofreciendo perspectivas que inspirarán reflexión analítica y debates animados.

Contexto Histórico y Teológico de la Inspiración Prenatal de Juan (El Bautista)

La historia de Juan el Bautista comienza con un detalle que puede sorprender a cualquiera que lea el Evangelio de Lucas con una mirada fresca. **Lucas 1:15** dice que **Juan** *"estará lleno del Espíritu Santo antes **incluso de nacer**",* una afirmación que plantea preguntas audaces sobre cómo Dios elige y empodera a sus siervos. En el mundo antiguo, y en la tradición judía, la idea de que alguien recibiera el Espíritu antes de nacer, habría parecido casi impensable. **El Espíritu Santo**, o Ruach HaKodesh, se entendía como la poderosa y personal presencia de Dios, aquel que inspiró a los profetas, reveló las palabras de Dios y despertó los corazones a la acción. Moisés, Samuel, Elías y otros actuaron bajo la influencia del Espíritu, pero su empoderamiento siempre tuvo un punto de partida, a menudo ya adultos o durante un evento clave. En la mayoría de los casos, este llenamiento o unción del Espíritu Divino, solo permanecía durante el acto de la obra profética, o en una etapa particular de tal llamado. La experiencia de Juan, tal y como se presenta en Lucas, destaca en un contraste vívido.

Para comprender por qué este detalle es extraordinario, ayuda entender el contexto en el que el público de Lucas escuchó estas palabras. En las Escrituras hebreas, el Espíritu llegó sobre ciertas personas en momentos específicos. Sansón recibió fuerza del Espíritu en momentos de crisis; Saúl, aún siendo hombre común (no coronado todavía como rey), se transformó en "otro hombre" en tal momento específico, cuando Dios lo eligió para la realeza (1 Samuel 10:6). El patrón se repetía: el Espíritu iba y venía, marcando la aprobación divina para una tarea o profecía. Incluso figuras fuertes como Jeremías, a quien Dios conoció antes de ser formado en el vientre (Jeremías 1:5), no tenían la Escritura que dijera que el Espíritu los llenó desde antes del nacimiento.

Lucas señala a John de una manera que rompe este patrón. Lucas afirma **que Juan** (más tarde llamado "Juan el Bautista") *"estará lleno del Espíritu Santo, incluso antes de nacer"* — no solo tocado por el Espíritu por un momento o una misión, sino moldeado y marcado por un poder divino desde el principio. Esta diferencia tan marcada habría llamado la atención de cualquier lector judío que reflexionara sobre las formas en que Dios actuó en el pasado. La llenura de Juan no se describe como un regalo ordinario; es una vocación extraordinaria, una señal que predice una vida vivida como instrumento de Dios.

Conectando con la tradición bíblica más amplia, casi todos los grandes profetas recibieron su llamado a través de una visión, una voz o un evento dramático ya siendo adultos o jóvenes. Solo un puñado de historias muestran alguna pista de la selección de Dios anterior al nacimiento. Las historias de Sansón (Jueces 13) y, en otro sentido, Jeremías, son las más cercanas, pero ninguna afirma abiertamente que el Espíritu habitó en ellas siendo bebés o niños no nacidos. Con Juan el bautista, Lucas insiste en que desde su existencia más temprana sería un recipiente del Espíritu de Dios, ya apartado.

¿Qué significa esto para la identidad de Juan el bautista y su impacto en la historia de la salvación? En el pensamiento judío, aquel marcado por Dios desde antes de nacer sería un signo vivo de la acción intencionada de Dios. En lugar de esperar un momento de reconocimiento o una crisis para mostrar devoción, Juan comienza la vida ya empoderado. Esto marca el tono de su destino. No crece en su papel por accidente ni siquiera por esfuerzo personal. Nace en su misión, con cada paso futuro presagiado por esta primera unción milagrosa.

La forma en que Lucas cuenta la historia apunta a verdades más profundas sobre cómo actúa Dios. El detalle no es solo histórico, es teológico. Lucas presenta a Juan como una figura espiritual/revolucionaria. **Es el último profeta antes de Jesús**, y su comienzo lleno de Espíritu Santo de Dios, anuncia un nuevo capítulo en la humanidad. El mensaje de Juan—audaz, convicto, intrépido—fluye de este profundo pozo de autoridad otorgada por el Espíritu Santo. Su forma de vida estricta, su compromiso total con su tarea y su disposición a enfrentar el poder fluyen de esa llenura original.

La historia de Juan el bautista invita a los lectores a contemplar el misterio de la elección divina y las posibilidades de vivir guiado por el poder de El Espíritu Santo. Al considerar esta explicación, cada persona puede reflexionar sobre cómo los propósitos de Dios a veces se desarrollan de maneras muy alejadas de las expectativas normales. La idea de que alguien pueda ser elegido y llenado con el Espíritu Santo, incluso antes de nacer abre nuevas preguntas sobre la vocación, la preparación y la confianza en el gran deseo de Dios. La historia se erige como una invitación al asombro personal y a la exploración de cómo Dios sigue moldeando vidas con propósito.

Posibilidades Interpretativas del Temprano Llamamiento de Juan (El Bautista)

El relato de Lucas sobre el encuentro prenatal de Juan el Bautista con el Espíritu Santo destaca en los capítulos iniciales del Evangelio y se expresa con mayor claridad en **Lucas 1:15** y **Lucas 1:41**. Estos versículos constituyen la base textual para explorar cómo la iglesia primitiva, los intérpretes bíblicos y los lectores modernos han entendido este extraordinario acontecimiento. A medida que avanza la narrativa, Juan es presentado no solo como profeta, sino como alguien marcado por la presencia del Espíritu Santo de Dios, incluso antes de nacer, un detalle que Lucas destaca dos veces. Estos momentos clave han inspirado una variedad de interpretaciones que iluminan algo diferente sobre la identidad de Juan y el énfasis teológico de Lucas.

El hecho de que Juan el Bautista sea lleno del Espíritu Santo antes del nacimiento, es un detalle que sigue generando asombro y curiosidad. La idea destaca dentro del pensamiento judío antiguo, donde el empoderamiento profético casi siempre pertenecía a adultos marcados por vocaciones especiales. Las historias del Antiguo Testamento, hablan de individuos como Sansón y Samuel, que recibieron el Espíritu para roles específicos, pero ninguno reclama registra una dotación profética, antes del nacimiento como la de Juan el bautista. Cuando Lucas introduce esta escena (Lucas 1:15), las palabras moldean toda la identidad de Juan en la mente de los primeros lectores: aquí hay un profeta como ningún otro, ya apartado por Dios para una misión de por vida, cuyo destino se despliega antes de que él siquiera tomara aliento. Este elemento sorprendente enmarca las preguntas que surgen: ¿qué significa realmente estar lleno del Espíritu Santo desde el vientre y cómo hablamos de tal experiencia?

POSIBILIDAD DE INTERPRETACIÓN 1:

Una Llenura Literal y Sobrenatural Aún Todavía en el Vientre Materno

Una primera forma de interpretar la afirmación de Lucas es en el sentido más literal: Juan recibió una dotación real e inmediata del Espíritu Santo mientras aún estaba en el vientre de Isabel. Esta interpretación se apoya mucho en momentos como Lucas 1:41, cuando Juan salta en respuesta al saludo de María. Algunos ven en este salto una señal de conciencia espiritual, como si la presencia de Jesús —ahora portada por María— despertara algo intencionado en el Juan no nacido. Este caso o tipo de llenura sugiere que Juan ya disfrutaba de una profunda conexión con Dios incluso antes de nacer, una conciencia que supera el desarrollo humano normal. Encarna la maravilla de una vida tocada por Dios antes que cualquier logro humano o incluso elección; el Espíritu Santo inició su viaje profético desde el principio. Para quienes sostienen esta visión, la autoridad espiritual y la misión de Juan son tanto milagrosas como únicas, presentándole como una señal viviente del poder y la intención de Dios de intervenir en la historia humana. Según – *Notas de estudio de Everett sobre las Sagradas Escrituras - Comentarios bíblicos Lucas 1.(2025).* Esta comprensión literal coincide con la repetida mención del Evangelio sobre personas que están "llenas" del Espíritu y actúan de manera extraordinaria, marcando a Juan como un recipiente excepcional desde el principio.

POSIBILIDAD DE INTERPRETACIÓN 2:

Llenura Simbólica que Indica la Elección y Protección de Dios

Para otros, las palabras de Lucas tienen un peso más simbólico o teológico que estrictamente literal. Desde esta perspectiva, estar "lleno del Espíritu Santo desde el vientre" indica la elección especial, el favor y la protección de Dios sobre Juan, sin implicar una posesión física por parte del Espíritu antes del nacimiento. La frase se convierte en una forma de describir la mano soberana y guía de Dios en la vida de Juan, afirmando el papel de Juan como siervo elegido y recipiente apartado por la gracia divina. El lenguaje bíblico suele funcionar así, usando el lenguaje de plenitud y bendición para resumir la relación de una persona con el plan de Dios (véanse las historias de Jeremías o Isaías, marcadas como elegidas del vientre pero no descritas como literalmente llenas del Espíritu a esa edad). En el caso de Juan, la declaración coincide con los signos ya entrelazados en la narrativa del nacimiento: el embarazo milagroso de su madre, las declaraciones angelicales y la maravilla que rodea su primera infancia. **El propósito de la vida de Juan,** su llamado e incluso sus desafíos se desarrollan bajo la atenta vigilancia de Dios, demuestran un testimonio viviente de la providencia de Dios, una vida moldeada por la voluntad de Dios incluso antes de que su ministerio comenzara en público.

POSIBILIDAD DE INTERPRETACIÓN 3:

Una Señal Prenatal de la Era Mesiánica en Aproximación

También existe la opinión de que la llenura prenatal del Espíritu Santo en Juan, marca el inicio de una nueva era en la historia de la salvación. Aquí, Juan se alza como un puente; **Es el último y más grande profeta** de la antigüedad y el precursor de algo nuevo. La cuidadosa atención de Lucas a la profecía y el cumplimiento (señalada a lo largo de los capítulos 1–3) convierte esta llenura de Juan en una señal de lo que Dios está a punto de hacer a través de Jesús. La presencia del Espíritu en los primeros días de Juan se convierte en un adelanto del desbordamiento más amplio que caracteriza la próxima era mesiánica. Esta lectura traza un cambio dramático: el empoderamiento espiritual de Juan va más allá de su vocación personal; se trata de que Dios abre un nuevo capítulo para Israel y el mundo. Su función en la vida le posiciona como el punto final en la frase, abriendo un nuevo párrafo para la humanidad.

POSIBILIDAD DE INTERPRETACIÓN 4:

Conexión con las Tradiciones Proféticas del Antiguo Testamento

Algunos ven en la experiencia de Juan ecos de historias del Antiguo Testamento. Sansón iba a ser nazareo desde su nacimiento, su fuerza y el empoderamiento del Espíritu prometidos antes de nacer. La madre de Samuel le dedicó al servicio de Dios antes de su nacimiento, y toda su infancia transcurrió a la sombra del templo. Estos paralelismos con los ejemplos de los personajes invitan a una sensación de continuidad, afirmando que la historia de Juan es tanto nueva como profundamente arraigada en los ritmos de las relaciones de Dios con Israel y el resto del mundo. El llenamiento de Juan con el Espíritu Santo antes del nacimiento es una inspiración para muchos. Sugiere que el llamado divino, la protección y el propósito pueden llegar mucho antes de que cualquiera de nosotros pueda reclamar sus propios logros, desafiando a los lectores a preguntarse cómo obra Dios—a veces de forma silenciosa, inesperada y siempre con significado.

Cada una de estas interpretaciones —la llenura literal sobrenatural, la elección simbólica, el punto de inflexión profético y la continuidad del Antiguo Testamento— invitan a los lectores a considerar la vocación prenatal de Juan con nueva profundidad y a reflexionar sobre las formas en que la narrativa de Lucas revela el misterio y la intencionalidad de los propósitos de Dios en acción incluso antes de que comience la vida. Cada ángulo aporta una nueva perspectiva a la identidad profética de Juan y a la forma de la historia que se despliega en Dios.

Resumen y Reflexión del Capítulo 1

Ahora que hemos explorado el raro y extraordinario detalle de **que Juan el Bautista fue lleno del Espíritu Santo antes de nacer**, podemos apreciar mejor cómo este raro acontecimiento moldea su identidad profética y el mensaje más amplio de Lucas, ayudando a comprender las formas de Dios de llamar y empoderar a las personas. Este comienzo único nos invita a ver que el propósito divino a menudo comienza mucho antes de cualquier acción visible, animándonos a confiar en que Dios está actuando de maneras ocultas y sorprendentes. Para los jóvenes adultos, los líderes de estudios bíblicos y todos los que buscan comprender la profundidad de las Escrituras sin confundirse, la historia de John abre la puerta a conversaciones enriquecedoras sobre la fe, el llamado y la preparación. A medida que avanzamos, reflexionar sobre la unción prenatal de Juan el bautista nos desafía a considerar cómo Dios podría estar moldeando nuestras propias vidas de forma silenciosa y profunda, invitándonos a vivir con esperanza y apertura a la guía del Espíritu Santo desde el principio.

Lista de Referencias del Capítulo 1

Referencia bíblica primaria:

Evangelio de Lucas 1:15, y **Lucas 1:41**. Predicción sobre San Juan Bautista; *estar* ***"lleno del Espíritu Santo, mientras estaba en el vientre de la madre" y su futuro propósito e impacto como 'Profeta del Altisimo'***. – (Biblia) – VRV 1960. & NVI.

Otras referencias:

Lucas 1:15 - Comentario bíblico versículo por versículo – StudyLight.org. (2025).

Lucas 1 - Notas de estudio de Everett sobre las Sagradas Escrituras - Comentarios bíblicos - StudyLight.org. (2025).

Luke. (2025). - Soniclight.com

Capítulo 2:

Caso Raro de …

Un EMBARAZO

La Concepción Más Enigmática

Mateo 1:18 **...** "*cuando* ***aún era virgen****, quedó* ***embarazada*** *por el poder* ***del Espíritu Santo****."* Según (la Biblia) – Varias Traducciones.

*"Antes que (****maría****) se juntara, (con José su prometido esposo) se halló que* ***había concebido del Espíritu Santo****"* – Biblia Jubileo 2000 … y otras versiones…

Evento Inigualable en la Historia Humana

"¿Cómo puede ser, si soy virgen?" La pregunta de María capta la maravilla y la confusión que han rodeado su embarazo durante siglos. En un mundo donde la concepción siempre involucraba a un hombre, la afirmación de que estaba embarazada por el Espíritu Santo desafía todo lo que la gente creía sobre la vida, la familia y el poder de Dios. Esta historia, conservada en las páginas del Nuevo Testamento, no se parece a ninguna otra: nos invita a detenernos y reflexionar sobre lo que significa que algo verdaderamente nuevo e inesperado entre en la historia humana. Al explorar este evento extraordinario, reflexionaremos sobre cómo habla de la fe, la tradición y las formas en que las personas han entendido la obra divina en los momentos ordinarios de la vida.

Contexto Bíblico e Histórico de la Concepción de María

*"Así nació Jesús el Mesías. Su madre, Mary, estaba prometida con José. Pero antes de que se celebrara el matrimonio, cuando aún era **virgen**, quedó **embarazada por** el poder del **Espíritu Santo**"* – (**Mateo 1:18**,). Con esta frase, Matthew no pierde tiempo en establecer circunstancias extraordinarias. La redacción hace más que lanzar la historia. Reorganiza el orden normal que los lectores podrían esperar; Compromiso,

consumación y luego concepción. En cambio, ha ocurrido algo muy lejos de lo ordinario. María está embarazada antes de vivir juntos (manteniendo intimidad sexual) con José, dejando claro desde el principio que el nacimiento de Jesús no sigue el conocido guion de cómo surgieron los antepasados, herederos o niños cotidianos. La expresión **"con un hijo engendrado del Espíritu Santo"** no solo es extraña; es desconocida en el mundo de las historias judías del siglo I. Según *(interpretación bíblica de Abraham Mutholath*, 2024) y (*Notas expositivas del Dr. Constable, 2025).* Aquí, Mateo prepara a su audiencia para pensar en Jesús como plenamente **humano**—nacido de María—y **plenamente divino—concebido** a través del Espíritu Santo; Dios y hombre con nosotros o entre nosotros: 'Emanuel,' un nombre para el propio poder y la presencia de Dios. Esto también puede coincidir con la escritura de (**Isaías 7:14**) *"... el propio Señor te dará la señal. ¡Mirar! ¡La virgen concebirá un hijo! Dará a luz a un hijo y lo llamará* ***Emanuel*** *(que significa '****Dios está con nosotros****')".*

Los judíos del siglo I tenían ideas muy definidas sobre lo que significaba para una mujer tener un hijo, para ella misma, su familia y su comunidad. La concepción se basaba en las relaciones sexuales entre un hombre y una mujer; cualquier otra cosa se consideraba imposible y sería recibida con escepticismo o absoluta incredulidad. Médicamente, no existía el concepto de partenogénesis ni concepción virginal. Si un embarazo ocurría fuera del matrimonio o del compromiso, podía considerarse resultado de adulterio—a veces un delito que requería un castigo severo bajo la Ley Mosaica. El adulterio traía vergüenza, no solo a la mujer sino también a su familia, y podía dejar cicatrices en el sentido de honor de una comunidad. La virginidad, especialmente para las mujeres comprometidas, tenía un enorme peso social. La reputación familiar a menudo se basaba en la pureza de la mujer antes del matrimonio, y el reconocimiento público de la moralidad sexual moldeaba toda una red de relaciones. Una afirmación de que una joven prometida estaba embarazada, sin haber estado con su marido, sería impactante y angustiante, ya fuera susurrada entre vecinos o declarada en el tribunal. Por eso la descripción de Mateo habría sido escandalosa. No solo desafía la comprensión biológica, sino que también amenaza el delicado tejido de la vida comunitaria judía, donde los límites y los roles se vigilaban de cerca y las violaciones recordadas durante generaciones.

El compromiso a casarse en esa cultura conllevaba obligaciones casi iguales a las del matrimonio consumado. José y María fueron reconocidos como legalmente vinculados, incluso sin vivir juntos ni tener relaciones matrimoniales. Si una mujer se quedaba embarazada antes de que su marido la llevara a casa, la comunidad asumiría infidelidad. La situación de José se vuelve dolorosamente clara. Al enterarse del embarazo de María, se arriesgó a ser humillado públicamente y probablemente se enfrentó a la expectativa de limpiar su propio nombre acusando a María de mala conducta. La Ley Mosaica ofrecía dos respuestas principales: hacer una acusación pública, lo que resultara en vergüenza o incluso peligro para María, o tratar el asunto en privado. Para José, la noticia no solo interrumpió los planes para una familia; Esto acentuaba un profundo desafío para el honor, la obediencia y la compasión dentro de límites estrictos. - (*MATEO 1:18-25: LA INTERVENCIÓN DE DIOS en el NACIMIENTO DE JESÚS | Interpretación bíblica por Abraham Mutholath*, 2024; *Mateo 1 - Notas expositivas del Dr. Constable - Comentarios bíblicos - StudyLight.org*). **La decisión de José** de *"divorciarse de ella discretamente"* refleja tanto la gravedad de su posición social como su propio carácter justo; evita un escándalo público, pero también subraya lo grave que habría sido la acusación.

Las historias de Dios interviniendo en la reproducción humana se remontan a las Escrituras hebreas. La risa de Sarah ante la idea de quedarse embarazada en la vejez está registrada antes del milagroso nacimiento de Isaac. Ana rezó desesperadamente en el templo, recibiendo a Samuel tras años sin descendencia. La esposa de Manoah concibió a Sansón tras una promesa angelical. En cada caso, Dios actúa donde la esperanza se ha desvanecido, pero siempre dentro de los límites de una unión sexual que parecía imposible debido a la edad o la infertilidad. **María se distingue**. Su concepción no es sorprendente solo por su juventud o barreras externas, sino porque ocurre sin ninguna intervención masculina. Solo aquí la naturaleza misma parece doblarse por completo, planteando nuevas preguntas sobre los propósitos de Dios para la humanidad. - (*MATEO 01:18-25: LA INTERVENCIÓN DE DIOS en el NACIMIENTO DE JESÚS | Interpretación bíblica por Abraham Mutholath*). La implicación creativa del Espíritu Santo lleva el carácter de Dios como dador de vida a un nuevo territorio—una iniciativa divina sin precedentes. La narración invita a los lectores a ver continuidad con un Dios que desde la antiguedad interrumpe los procesos naturales, pero también señala este evento como una primera vez.

Que tal afirmación tomara forma en la Judea del siglo I, una comunidad impregnada de tradición y vigilante ante las transgresiones, prepara el terreno para el debate. La concepción virginal no es solo una declaración teológica o un artículo de fe para las generaciones futuras. Es, en su esencia, una historia que sorprende, descompone e invita a un profundo asombro. Muchos de los que se encontraron con el Evangelio de Mateo se habrían encontrado con la misma tensión. El relato del embarazo de María choca con las expectativas cotidianas y amplia las posibilidades de cómo podría entenderse la acción de Dios en el mundo. Los siglos posteriores no han hecho más que multiplicar las preguntas y reflexiones suscitadas por este anuncio, abriendo espacio para interpretaciones que intentan dar sentido tanto a la afirmación como a sus consecuencias.

Modelos Interpretativos del Nacimiento Virginal

Las esperanzas judías del primer siglo por la intervención de Dios sentaron el terreno para comprender las muchas formas en que la gente ha abordado la historia del embarazo de María con Jesús. Rodeado de expectativas de cumplimiento profético, las afirmaciones sobre que María concibió un hijo mientras estaba comprometida con José destacan tanto por ser espiritualmente cargadas como socialmente desafiantes. Los Evangelios de Mateo y Lucas ofrecen los principales relatos bíblicos, cada uno construyendo este evento como una piedra angular para la fe y el entendimiento cristianos.

POSIBILIDAD DE INTERPRETACIÓN 1:

El Nacimiento Virginal Como un Milagro Literal

Muchos cristianos a lo largo de la historia han adoptado una lectura literal del nacimiento virginal, viéndolo como un acto sobrenatural en el que el Espíritu Santo hizo que María concibiera a Jesús sin un padre humano. Mateo relata: «Se encontró que estaba embarazada por el Espíritu Santo» (Mateo 1:18), mientras que Lucas describe la propia perplejidad de María:

«¿Cómo puede ser, si soy virgen?» (Lucas 1:34). El ángel Gabriel responde: «El Espíritu Santo vendrá sobre ti, y el poder del Altísimo te cibrirrá con su sombra;» (Lucas 1:35). Esta visión enfatiza que el evento no solo fue inusual, sino que fue fuera de la experiencia humana normal: una intervención directa de Dios.

Para los creyentes que sostienen esta interpretación, el nacimiento virginal es importante para las doctrinas centrales. Señala la doble identidad de Jesús: de la fuente divina y plenamente humana. Al omitir la concepción ordinaria, el nacimiento de Jesús se considera libre de pecados heredados, apoyando la base de la vida sin pecado de Cristo y su papel único como Salvador. El nacimiento virginal, por tanto, sirve como un marcador de la misión singular de Jesús y como prueba de que Dios actuó de maneras sin precedentes en la historia humana. – (*J. Gresham Machen, Lecturas y análisis*). Esta comprensión encuentra continuidad en las promesas del Antiguo Testamento, donde Isaías escribe: *"La virgen concebirá y dará a luz a un hijo, y lo llamará Emanuel"* – (**Isaías 7:14**), vinculando la esperanza profética con los acontecimientos de Nazaret.

POSIBILIDAD DE INTERPRETACIÓN 2:

Interpretaciones Simbólicas o Teológicas

Algunos cristianos modernos y estudiosos bíblicos abordan el nacimiento virginal como una rica narrativa teológica más que como un relato biológico literal. Esta visión se centra en lo que la historia significa sobre Dios, Jesús y la fe, en lugar de insistir en que cada detalle refleje la realidad física. En este modelo interpretativo, la historia transmite verdades espirituales: el llamado único de Jesús, la cercanía de Dios a la gente común y el misterio de la acción divina en el mundo.

Los defensores de un entendimiento simbólico señalan que los escritores antiguos solían usar relatos de nacimiento para resaltar la importancia o misión especial de alguien. Argumentan que, para los primeros cristianos, describir el nacimiento de Jesús en términos milagrosos expresaba convicciones sobre su origen divino y el compromiso de Dios con Israel y el mundo. El valor de la historia, desde esta perspectiva, radica más en lo que comunica sobre la iniciativa de Dios y el propósito divino de Jesús que en su explicación de los procesos físicos. - (Wahlberg, 2020) Este enfoque permite que la fe se involucre con el conocimiento científico sobre la reproducción humana, viendo el relato bíblico como una forma de expresar verdades profundas sobre la importancia de Jesús mediante el lenguaje y los símbolos de la época..

POSIBILIDAD DE INTERPRETACIÓN 3:

Perspectivas Naturalistas o Científicas

Otros intérpretes comienzan con escepticismo ante los acontecimientos sobrenaturales y leen la historia del nacimiento virginal a través del prisma de la historia, la cultura y la ciencia. Algunos sugieren que el embarazo de María pudo haber tenido causas naturales, desconocidas para la antigüedad, o que la historia surgió para resolver dificultades sociales o fortalecer la credibilidad de Jesús entre sus seguidores. La idea de que María concebida por el Espíritu pudo haber ayudado a los primeros cristianos a responder a preguntas o rumores, especialmente a medida que el nuevo movimiento superaba su contexto judío original.

Los críticos históricos a veces argumentan que las narrativas de nacimientos se desarrollaron con el tiempo para dar sentido a la autoridad y el poder espiritual de Jesús, haciendo eco de cómo las biografías antiguas de otras figuras importantes a veces presentaban nacimientos inusuales o milagrosos. - (Wahlberg, 2020). Aunque estas explicaciones no son aceptadas por quienes sostienen creencias cristianas tradicionales, plantean preguntas sobre cómo funcionan las historias en la formación de la identidad de fe y qué significa decir que un texto es inspirado, verdadero o digno de confianza.

Implicaciones Combinadas para la Fe y la Doctrina

Estos tres enfoques —literal, simbólico y naturalista— abren diferentes caminos para entender una de las afirmaciones más distintivas del cristianismo. Tratar el nacimiento virginal como un hecho sobrenatural respalda las visiones tradicionales sobre la divinidad de Jesús, su cumplimiento de la profecía y la singularidad de la obra salvadora de Dios en la historia. Verlo como simbolismo teológico crea espacio para la conversación entre la fe y la ciencia contemporánea, destacando el significado espiritual sobre el mecanismo físico mientras se honra el mensaje del texto. Adoptar un enfoque naturalista a menudo desafía la doctrina establecida, lo que invita a una reflexión más profunda sobre por qué estas historias importan y qué las hace poderosas para generaciones de creyentes.

La historia de la concepción virginal, **rara** y debatida como es, invita a todos —ya sea convencidos, cuestionando o simplemente curiosos— a considerar qué significa que Dios actúe, qué significa que Jesús sea único y cómo los textos antiguos siguen moldeando tanto la creencia como las preguntas más importantes de la vida. – (*J. Gresham Machen, Lecturas y Análisis*, 2025; Wahlberg, 2020). La tensión entre estas opiniones mantiene viva la discusión para los lectores actuales.

Resumen y Reflexión del Capítulo 2

Tras haber explorado el contexto histórico, los desafíos culturales y las diversas interpretaciones de **la concepción virginal de María**, ahora nos encontramos en una encrucijada de fe y comprensión. Este evento extraordinario sigue invitándonos a una reflexión más profunda sobre cómo el poder de Dios puede ir más allá de las expectativas humanas y las leyes naturales, moldeando tanto la historia de Jesús como los cimientos de la creencia cristiana. Ya sea visto como un milagro literal, un símbolo poderoso o un tema de investigación crítica, el nacimiento virginal nos desafía a considerar qué significa que Dios entre en el mundo de maneras sorprendentes. Con este conocimiento, podemos abordar los Evangelios con ojos nuevos, listos para abordar con reflexión los misterios que contienen y para guiar a otros en la exploración de su importancia para la fe hoy.

Lista de Referencias del Capítulo 2

Referencia bíblica primaria:

Mateo 1:18 El embarazo raro de María; (No vínculo sexsual masculino involucrado) Concibiendo a Jesús por el poder del Espíritu Santo cuando aún era virgen. **Según – (la Biblia)** "*... antes que se juntasen, se halló que había concebido del Espíritu Santo.*" **– Biblia; Versión Reina Valera, Traducción 1960. – (BJ 2000) – (NVI)**

Otras referencias:

Mateo 1 - Notas expositivas del Dr. Constable - Comentarios bíblicos - StudyLight.org. (2025). - studylight.org.

J. Gresham Machen, Lecturas y análisis. (24 de mayo de 2025). - thereligionthatstartedinahat.org

MATEO 01:18-25: LA INTERVENCIÓN DE DIOS EN EL NACIMIENTO DE JESÚS | Interpretación bíblica por el padre Abraham Mutholath. (2024). - bibleinterpretation.org.

Wahlberg, M. (17 de julio de 2020). *Revelación Divina* (E. N. Zalta, ed.). Enciclopedia de Filosofía de Stanford; - Laboratorio de Investigación en Metafísica, Universidad de Stanford. – stanford.edu

Capítulo 3:

Caso Raro de...

Un ÁNGEL en SUEÑOS

'Mensajero Divino' Instruyendo a un Hombre

Sobre qué Hacer Mientras Este Hombre Duerme

Mateo 1:20-25 ... "Un ángel del Señor se aparece a José en un sueño"; ('no nombre del ángel') Diciéndole qué Hacer – (Biblia) – Traducción; Nueva Versión Internacional

El Ángel con José y la Guía Divina en la Noche

¿Alguna vez te has preguntado cómo un momento de tranquilidad en la noche puede cambiar el curso de la historia? ¿Qué podría significar cuando un ángel aparece no a plena luz del día, sino **en un sueño**, transmitiendo un mensaje que llama a la confianza y la obediencia en medio de la confusión? ¿Por qué Dios elegiría hablar a través de un encuentro tan privado y quieto en lugar de una firma pública o una declaración audaz? Estas preguntas nos invitan a explorar una historia única escondida dentro del **Evangelio de Mateo 1:20**, donde la guía divina llega suave pero poderosa a un hombre que lucha con la incertidumbre. Al reflexionar sobre esta **rara visita nocturna, descubriremos cómo un solo sueño tiene un peso mucho más allá de su momento, ofreciendo una visión de la fe, el valor y el momento de Dios que resuena a través de generaciones.**

El Fenómeno de los Sueños y los Ángeles en Relación con la Narrativa de José

Los sueños ocupan un lugar especial en la historia bíblica. A lo largo de las Escrituras, Dios utiliza los sueños como una forma de enviar instrucciones críticas, consuelo, advertencias y nuevas direcciones. A veces, estos sueños llegan cuando las distracciones diurnas desaparecen y cuando la persona que duerme necesita tranquilidad o claridad. Un ejemplo llamativo es el **sueño que vive José** en **Mateo 1:20**, cuando un ángel trae un mensaje que cambia la vida y que altera el rumbo de la Sagrada Familia y, con ello, el curso de la historia de la redención para la humanidad.

José afronta un momento de intensa tensión. **Sabe que María está embarazada**, pero no de él, y según la Ley Mosaica, sus opciones son tanto públicas como privadas, con un gran coste en cualquier caso. Por compasión, José planea una separación privada por respeto a la reputación de María. Esta decisión ya refleja un corazón abierto a la misericordia y la humildad. - (*El Evangelio de Mateo - Wesley Scott Amos Ministries*, 2025). Entonces, en la quietud del sueño, el rumbo cambia. Dios interviene con **un mensaje** que no se grita desde un escenario público, sino que se transmite en silencio a través de un sueño, **usando a un ángel** como mensajero.

Los sueños representan un canal de confianza para la comunicación divina, especialmente cuando el mensaje implica situaciones personales llenas de vulnerabilidad o posible vergüenza. Este patrón aparece en otras partes de las Escrituras. **Por ejemplo**, Dios le da a Jacob sueños en puntos de inflexión del Génesis, como la escalera en Betel. El faraón en Egipto recibe sueños de advertencia que José interpreta, salvando a las naciones de la hambruna. **Daniel recibe sueños** llenos de imágenes y visiones complejas, que revelan el auge y la caída de imperios. Sin embargo, 'estos a menudo implican simbolismo o requieren un intérprete'. Cuando Dios elige hablar directamente a través de un sueño sin intérprete, como en el caso de José, el efecto se intensifica: muestra tanto la urgencia del momento como el respeto de Dios hacia la persona que recibe el mensaje.

La visita angelical a José destaca como **un evento raro y llamativo**. Muchos sueños bíblicos comunican la verdad mediante símbolos, pero pocos muestran a un ángel apareciendo **con instrucciones tan directas**. Curiosamente, el ángel queda sin nombre, a diferencia de Gabriel, que aparece a María y Zacarías en otro lugar. Este detalle desvia la atención de la identidad o el estatus del mensajero hacia el contenido del mensaje en sí. A diferencia de las visiones concedidas a los profetas a la luz del día, que a menudo vienen acompañadas de una multitud o un escriba para registrar y compartir, este encuentro es privado, envuelto en el misterio de la noche. **Dios honra a José tanto con** una revelación dramática en tal índole, como a la ves; con una invitación a un asociamiento tranquilo y discreto.

La confianza de Dios en José se manifiesta a través de este enfoque profundamente personal. **El mensaje no es** un anuncio amplio, sino **una misión**. El ángel guía a José para que tome a María como esposa, explica la concepción milagrosa por el Espíritu Santo y otorga a José la autoridad para nombrar Jesús al niño. El momento importa: José recibe su instrucción antes de poder actuar por dolor, frustración o traición percibida. Las palabras del ángel resuelven el miedo y cocernimiento de José, invitándole a dejar de lado las sospechas y dar un paso adelante en obediencia. - (*El Evangelio de Mateo - Wesley Scott Amos Ministries*, 2025). Este acto ancla a José en el plan redentor de Dios, al mismo tiempo que le proporciona seguridad en un momento en que la confusión y el desamor acechan.

Este mensaje consigue más que anunciar un nacimiento: impide que José termine la relación en silencio, asegura la reputación de María y Jesús, y sostiene el cumplimiento de las Escrituras. **La respuesta de José modela** lo que la erudición cristiana evangélica suele destacar: el llamado a confiar, obedecer y recibir la dirección de Dios, incluso en tiempos confusos y desconocidos como descifrados. **La visita del ángel es una salvaguarda** para la sagrada familia, pero también para la integridad de la promesa mayor de Dios, que va desde los profetas hasta el Mesías.

La experiencia de José se enmarca en un patrón bíblico más amplio. La guía de Dios a menudo llega en momentos dc incertidumbre. En el Antiguo Testamento, Dios habló en la noche a Samuel con guía para Israel. En Daniel, los sueños interpretan destinos. En esta línea genealógica, el sueño de José trae protección cuando sus propios planes habrían fallado. Para los lectores Cristianos-evangélicos, esto indica que **la comunicación de Dios es activa y personal**; y llega de formas inesperadas y a menudo nos encuentra en lugares vulnerables. La guía divina a veces requiere un corazón tranquilo, una mente abierta y disposición a suspender el prejuicio.

Análisis Interpretativo: Lecturas del Mensaje del Ángel con Refuerzo Bíblico

Las experiencias de encuentro divino suelen llegar en momentos tranquilos, dentro de un sueño y sin previo aviso, como en la visita nocturna de José. **Estas raras historias** de guía angélica en los Evangelios invitan a un compromiso personal para todos los que luchan con cuestiones de fe, duda y dirección. Partiendo de los detalles históricos y narrativos, la historia ahora exige una reflexión más profunda sobre **lo que significa el encuentro onírico de José con el ángel** para quienes hoy siguen el camino cristiano.

POSIBILIDAD DE INTERPRETACIÓN 1:

Garantía Divina del Plan de Dios

José se ve sumido en el miedo y la confusión al descubrir que María, su prometida o futura esposa, está esperando un hijo. En circunstancias normales, habría estado justificado en alejarse, pero Dios habla directamente a su ansiedad: *"No tengas miedo de tomar a María como tu esposa"* - (**Mateo 1:20**,). En ese momento, Dios tranquiliza a José diciéndole que lo que parece una crisis—un evento inexplicable y **raro** fuera de las expectativas normales—en realidad forma parte de una orquestación divina. Joseph tiene un asiento en primera fila para ver una obra sobrenatural muy por encima de su comprensión. Esta misma dinámica se repite en la vida de muchos que se sienten atrapados entre lo que saben de fe y lo que su situación parece exigir. **El mensaje de Dios;—no tengáis miedo—se transmite a lo largo de los siglos**, tranquilizando a todos los que luchan contra la inquietud o la amenaza del escrutinio social. Las situaciones en el trabajo, las decisiones familiares o los traslados a nuevas ciudades pueden desconcertar el corazón, pero este relato de Mateo afirma la soberanía de Dios, recordando a los creyentes que sus propósitos continúan incluso cuando el camino está ensombrecido por la duda o el malentendido del público.

POSIBILIDAD DE INTERPRETACIÓN 2:

Modelo de Discernimiento y Obediencia

José muestra una postura de discernimiento silencioso, mostrando que seguir la guía de Dios a veces significa actuar sin confirmación o aplauso externo. El texto ofrece un relato simple pero contundente: *"... Y José hizo lo que el ángel del Señor le ordenó..."* - (**Mateo 1:24**,). José elige la confianza sobre la vacilación, actuando con fe en lugar de buscar validación en los demás. No espera más sueños, señales o explicaciones—**obedece**. Este enfoque ofrece hoy una guía para discernir la voz de Dios en medio del ruido de opiniones en competencia. En asuntos vocacionales, un creyente puede percibir que Dios le empuja hacia una nueva área de servicio o rol laboral, incluso si contradice planes personales o carece de apoyo público. Un joven adulto que lucha con las elecciones de su relación puede sentirse llamado a esperar, avanzar o mantenerse firme—nunca con un anuncio en una valla publicitaria, sino con paz en la oración. Las vocaciones ministeriales suelen llegar como una convicción silenciosa para cuidar a los ignorados, servir de manera menos visible o asumir responsabilidades que otros pueden no comprender. La respuesta de José muestra humildad y un corazón sintonizado con Dios, invitando a los lectores a valorar la convicción interna formada a través de la oración y las escrituras por encima del sentimiento popular.

POSIBILIDAD DE INTERPRETACIÓN 3:

Validación del Origen Divino de Jesús

Más allá del ánimo personal y el ejemplo práctico, el mensaje del ángel a José afirma una de las creencias fundamentales del cristianismo: la concepción y misión divina de Jesús. **Las palabras del ángel** enmarcan <u>al hijo de María como único, separado por el propósito especial de Dios</u>: ***"Ella tendrá un hijo, y tú lo llamarás <u>Jesús</u>, porque <u>él salvará a su pueblo</u>***

de sus pecados." - (**Mateo 1:21**,). José se convierte en padre y tutor legal, protegiendo al niño (productode un milagro), cuya llegada cumple una antigua profecía. **El sueño**, entonces, no trata simplemente de la reputación o el honor familiar de José; **es una piedra angular en la entrada de Dios en la historia humana**, demostrando que Jesús no es producto de la planificación o error humano, sino el **cumplimiento de la promesa de la salvación**. Esta interpretación es importante para los lectores cristianos que luchan con cuestiones de identidad y seguridad: **Jesús** no es solo una figura histórica o un maestro moral, sino el Hijo de Dios que entra al mundo para entregar la salvación. Confiar en el mensaje del ángel significa abrazar el corazón milagroso de la historia cristiana y darse cuenta de que la fe gira en torno a la identidad y el propósito de Jesús.

POSIBILIDAD ADICIONAL DE INTERPRETACIÓN

Invitación a Confiar en el Momento y Propósito de Dios

La respuesta de José no se limita a creer en el mensaje, sino a abrazar un nuevo camino, incluso cuando la comprensión sigue incompleta. *"Cuando José despertó, hizo lo que el ángel del Señor ordenó."* - (Mateo 1:24). La narrativa no informa de largas deliberaciones ni discursos públicos. **José simplemente se adentra en la historia que Dios está escribiendo**. La fe aquí no es pasiva; Es la disposición a actuar con prontitud incluso cuando el tiempo divino interrumpe planes y agendas personales. Muchos cristianos conocen esta lucha: esperar la respuesta de Dios, sentir incomodidad cuando la vida se aleja de las expectativas o dar un paso adelante a pesar de preguntas sin respuesta. Ya sea enfrentándose a decisiones sobre educación, carrera, matrimonio o servicio en nuevos contextos, este encuentro llama a los lectores a descansar en la sabiduría de Dios y avanzar con confianza, incluso cuando eso implica adaptarse a tiempos y circunstancias que van más allá de la preferencia personal.

Cada interpretación;—la seguridad divina, el discernimiento y la obediencia, la afirmación de la identidad de Jesús, y la invitación a la fe paciente—ofrece una ventana a la riqueza espiritual del sueño de José. Este episodio no es solo una historia del pasado, sino una invitación vivida **para que los lectores de hoy discernan**, confíen y obedezcan la voz silenciosa de Dios a través de cada incertidumbre y cambio.

Resumen y Reflexión del Capítulo 3

Ahora que hemos explorado la rara y poderosa visita angelical a José, podemos ver cómo este momento tranquilo en la noche tiene un profundo significado para nuestros propios caminos de fe. La experiencia de José nos muestra que Dios a menudo habla de formas inesperadas—a través de sueños, silencio o convicciones personales—y nos llama a confiar y obedecer incluso cuando el camino no está claro. Su historia nos anima a escuchar atentamente la voz de Dios, a avanzar con valentía a pesar de la incertidumbre y a abrazar el desarrollo del plan de Dios con paciencia y esperanza. Al reflexionar sobre la obediencia de José y el mensaje del ángel, cstamos invitados a profundizar nuestra fe, mantenernos abiertos a la guía divina y compartir estas lecciones con otros que buscan ánimo en su propio camino con Dios.

Lista de Referencias del Capítulo 3:

Referencia bíblica primaria:

Mateo 1:20 "**Un ángel** del Señor **se aparece** a José **en un sueño**"; 'no nombre del ángel'– (Biblia) – VRV – NVI … y otras Versiones.

Otras referencias:

Mateo 1. (2024). - Netbible.org

El Evangelio de Mateo - Wesley Scott Amos Ministries. (2025). - wesleyscottamos.com

Parte 2:

RAREZA De...

Un NUEVO REINO

Capítulo 4:

Caso Raro de...

Un "Nacido REY"

Realeza En Una Persona; Declarado Rey Al nacer, Diferente A Cualquier Otro

Mateo 2:2 – NVI, – VRV;1960
..."¿Dónde está el que ha nacido rey?" ...

El Caso RARO e Inusual un REY Desde el Momento al Nacer; mencionado en Mateo 2:2

"¿Dónde está el que ha nacido rey de los judíos?" Esta simple pregunta, formulada por extraños de tierras lejanas, tiene un peso mucho mayor que la simple curiosidad. Aborda esperanzas, miedos y profundas expectativas arraigadas **en un mundo complejo de política, religión y poder**. En una época en la que los reyes significaban conquista o control, la idea de un nuevo rey era todo menos ordinaria: despertaba ansiedad entre los gobernantes y avivaba el anhelo de los oprimidos. Sin embargo, bajo esta tensión se esconde un misterio: **¿qué clase de rey** podría nacer **en tal incertidumbre**? La pregunta nos invita a explorar no solo el trasfondo político e histórico, sino también las sorprendentes formas en **que el reinado de este rey desafía las ideas comunes sobre el poder y la** autoridad. Al reflexionar sobre este momento, empezamos a ver una historia que cruza fronteras: de naciones, tradiciones e incluso nuestra propia comprensión del liderazgo y la esperanza.

Contexto y Panorama Histórico: Las Expectativas Mesiánicas y Políticas de Mateo 2:2

En el siglo I, la sociedad judía vivía bajo una expectativa inquieta de un Mesías que vendría (según las profecías) y los liberara de la opresión romana. Siglos de imperios extranjeros habían gobernado Judea, dejando un anhelo de independencia nacional. Los profetas de las Escrituras hebreas habían pintado visiones esperanzadoras de un **Rey** libertador; alguien de la línea real de David que restauraría la fortuna de Israel. Cuando llegaron los Magos desde Oriente, preguntaron: *"¿Dónde está **el que ha nacido rey de los judíos**?"* hicieron más que señalar un nacimiento real; su pregunta reflejaba un sueño llevado por generaciones: la esperanza de un rey que restaurara la soberanía de Israel. Palabras como *"rey de los judíos"* estaban llenas de posibilidades y riesgos. Incluso quienes no son religiosos judíos reconocieron que tal anuncio podría provocar un cambio tremendo. La pregunta que planteaban los Magos, entonces, llevaba un peso que era a la vez religioso, cultural y político. - (*La visita de los magos en **Mateo 2:1-12***). La historia había demostrado que los rumores sobre un Mesías podían provocar revueltas y eran temidos tanto por Roma como por quienes gobernaban bajo su vigilancia.

El rey Herodes el Grande se sentó (o fue posesionado a gobernar) de un modo incómodo en el trono de Judea. Edomita de nacimiento, sostenido por el poder romano, la autoridad de Herodes era un arreglo frágil que muchos de sus súbditos resentían. Se consideraba el gobernante legítimo, pero cada movimiento—cada murmullo entre el pueblo—amenazaba su reclamación. Herodes era conocido por su paranoia y crueldad, incluso hacia su propia familia. - (Guzik, 2015). Para él, la idea de un niño ***"nacido Rey de los Judíos*** " implicaba un rival de **realeza legítima**, no un rey solo de **título** , sino uno cuya sangre y nacimiento reclamaban **autoridad** que Herodes nunca podría poseer. Esto no era solo un asunto teológico. Cualquier sugerencia de que había llegado un heredero al trono de David era un acto de sedición. En el delicado sistema de gobernación romana, un rumor sobre un nuevo rey podía alterar el statu quo e invitar a la intervención romana. La violencia posterior de Herodes reveló cómo tal afirmación tocaba el corazón de la inseguridad para un régimen construido sobre el compromiso y la aprobación externa. Por tanto, la cuestión de los Magos amenazó el delicado equilibrio entre la política local y el dominio imperial, provocando ondas de inquietud por Jerusalén. No solo Herodes estaba preocupado—toda la ciudad percibía el peligro de otra reclamación mesiánica.

La idea de ***un "Rey al nacer"*** se inspiraba profundamente en las promesas del Antiguo Testamento. Escrituras como **el Salmo 2** hablaban del Ungido de Dios gobernando con poder, sometiendo a las naciones y estableciendo un **reinado que traía justicia** y bendiciones. **Isaías describió** a un **niño nacido cuyo gobierno y paz no tendrían fin**, sentado en el trono de David. Estas imágenes moldearon la esperanza del pueblo, alimentando la convicción de que surgiría **un verdadero rey**, que encarnara tanto misericordia como poder. El Evangelio de Mateo se basa en estas profecías para mostrar que Jesús no solo tomó el título de rey, sino que encarnó las promesas y expectativas de Israel. - (Guzik, 2015; *La visita de los magos en Mateo 2:1-12*, 2015). Sin embargo, la historia resiste la realización directa que muchos imaginaban. En lugar de liderar una rebelión o librar una batalla, la **realeza de Jesús comenzó en humildad y vulnerabilidad**. En Mateo, el niño no se encuentra en un palacio, sino en un hogar ordinario, rodeado de adoración y curiosidad, no de conquista y aclamación. Este contraste —entre la expectativa popular y la manifestación real— plantea preguntas sobre la autoridad, el poder y el tipo de reino que realmente estaba llegando al mundo.

Destaca que los primeros en reconocer el nacimiento de este rey no fueron líderes judíos ni sacerdotes, sino magos de tierras lejanas. Su viaje cruza mundos—viajeros del Este, estudiantes de las estrellas, atraídos por un cartel que apuntaba a algo más allá de sus propias tradiciones. Llegan a Jerusalén pidiendo un rey, no solo de los judíos, sino una figura cuya llegada importe mucho más allá de un solo grupo étnico o territorio. Sus acciones sugieren que la importancia de este nuevo rey llegaría a lugares inesperados. Su disposición a responder y adorar demuestra una esperanza que supera las fronteras nacionales y de origen. - (*Mateo 2:1-12*). En una época en la que el poder y el privilegio solían mantenerse en círculos estrechos, la aparición de los Magos sorprendió a la ciudad. Su pregunta combinaba asombro y reverencia, pero también conllevaba incertidumbre—¿**qué clase de rey** se anunciaba aquí y qué significaría para el mundo que les rodeaba?

Todas estas tensiones—el anhelo de liberación, el miedo a los rivales, la anticipación de la profecía y la sorpresa del reconocimiento extranjero— se unen en una sola pregunta profunda. Los lectores pueden percibir lo cargadas que eran estas palabras en su época original: ***"¿Dónde está el que ha nacido rey de los judíos?"*** La mención de un **"rey nato"** no era ni común ni segura. Cada oyente y lector se quedaba reflexionando sobre qué tipo de rey se hablaba realmente y qué forma podría tomar su reinado. Estas preguntas permanecen, invitando a reflexionar sobre lo que significaba — y que aún significa— llamar a **Jesús**; Rey.

Posibilidades Interpretativas y Ángulos Teológicos: Tres Lecturas/Comentarios del 'Nacido Rey o Rey al Nacer'

POSIBILIDAD DE INTERPRETACIÓN 1:

El Humilde Rey: Realeza en Forma Inesperada

La venida de Jesús como rey destaca porque no aparece en el esplendor de un palacio, sino en lo ordinario de un pesebre. - **(Lucas 2:7).** El Evangelio de Mateo presenta la realeza de Jesús como basada en la humildad, un patrón que va en contra de la corriente del mundo antiguo, donde las figuras reales tomaban el poder con ejércitos o heredaban tronos mediante linajes e intrigas políticas. **En cambio**, el nacimiento de Jesús tiene lugar en Belén, lejos de las cortes reales, atendidas por pastores, no por noblezas. Su autoridad no surge de la fuerza ni del privilegio, sino del amor que se entrega a sí mismo. Incluso cuando los magos reconocen su reinado en Mateo 2:2, Jesús sigue siendo un niño, vulnerable e indefenso, cuya vida y reinado se caracterizan por servir a los demás (Mateo 20:28) y relacionarse con rechazados y marginados.

Esta humilde realeza continúa a través de las acciones de Jesús: lavar los pies de sus discípulos, tocar leprosos y dar la bienvenida a los niños. A menudo instruye a sus seguidores en que la grandeza en su reino significa convertirse en "el menor". - (Mateo 18:4). **La corona del rey** acaba siendo una de espinas, y su trono (de poder y triunfo) es un instrumento de ejecución (la cruz). - (Mateo 27:29, Mateo 27:37). Para muchos lectores evangélicos, esta imagen radical redefine la autoridad y el liderazgo. Jesús modela una regla donde el poder sirve, no domina, y llama a los discípulos a imitar una forma de sacrificio personal en lugar de engrandecimiento personal. En lugar de lanzar un reino mediante campaña militar o decreto político, Jesús cambia el mundo mediante la humildad y el sufrimiento redentor, abriendo espacio para la reflexión sobre cómo la verdadera fortaleza a menudo se parece a debilidad según los valores del mundo. - (*Comentario de Mateo 2 | Precepto Austin*, s.f.). Esta comprensión conduce a una visión del reino moldeada por la transformación interior y la renovación espiritual, más que por la conquista o las fronteras.

POSIBILIDAD DE INTERPRETACIÓN 2:

Cumplimiento Profético: Jesús como el Rey Davídico 'Prometido'

La historia de Mateo vincula a Jesús con **promesas hechas a David** siglos atrás. La frase "rey de los judíos" resuena con textos como **Jeremías 23:5**, que habla de un descendiente justo de la línea de David que reinará como rey y traerá justicia. En **2 Samuel 7:12-16**, Dios se compromete a establecer el trono de David para siempre a través de su descendencia. Para los primeros lectores del evangelio, esta conexión significaba que Jesús no era un mero visionario espiritual, sino **el verdadero Rey prometido** enviado para inaugurar el reinado de Dios en la tierra y restaurar las esperanzas de Israel. - (*Mito e historia en la Epifanía de Mateo 2 | Psephizo*, 2021). Al rastrear la genealogía de Jesús hasta David - (Mateo 1:1-17) y situar su nacimiento en Belén - (Miqueas 5:2 adaptado en Mateo 2:5-6), Mateo elabora un retrato de **Jesús** como el **tan esperado cumplimiento de la profecía mesiánica**.

Esta perspectiva interpretativa ve a Jesús como el verdadero sucesor divinamente designado de David—alguien que establece un reino marcado por la justicia, la paz y la fidelidad de Dios. Su autoridad no fue inventada por Mateo ni moldeada por pensamientos ilusorios, sino anclada en antiguos pactos. Su reinado es digno de confianza porque **surge de un plan divino coherente**, y para la fe evangélica, ver a **Jesús** como **el** Rey davídico revela la fidelidad de Dios para cumplir toda promesa. - (*Comentario de Mateo 2 | Precepto Austin*, s.f.). **Este reconocimiento** moldea la comprensión cristiana de la Biblia, presentando **a Jesucristo** como el hilo que entrelaza el Antiguo y el Nuevo Testamento.

POSIBILIDAD DE INTERPRETACIÓN 3:

Una Afirmación Controvertida: Amenaza Política y Misterio Divino

Llamar **a Jesús "rey"** despertó miedo y ansiedad en el mundo en el que entró. Mateo describe la alarma de Herodes cuando los magos anuncian a un rey rival, desatando feroz oposición y violencia - (**Mateo 2:3-16**). La masacre de niños de Herodes en Belén muestra cómo las afirmaciones sobre Jesús amenazan el poder político y exponen las tensiones entre los gobernantes humanos y la soberanía de Dios. Algunos intérpretes ven en esta historia una **colisión de dos reinos**: uno construido sobre la violencia y la manipulación, el otro sobre el misterio divino y la gracia.

Este marco resalta la realidad vivida del discipulado bajo autoridad disputada. **La realeza de Jesús provoca continuamente disturbios**, no solo en la casa de Herodes, sino a lo largo de toda su vida, como se ha visto en los conflictos con líderes religiosos y, más tarde, con los soldados romanos en la cruz. No levanta un ejército, pero su vida y mensaje socavan las falsas lealtades y exponen los límites del poder terrenal. Cuando los creyentes afirman lealtad a **Jesús como rey**, participan en una historia que resiste el compromiso con poderes que se oponen a los propósitos de Dios, llamando a valor, discernimiento y sacrificio. - (*Mito e historia en la Epifanía de Mateo 2* | *Psephizo*, 2021; *Comentario de Mateo 2* | *Precepto*

Austin, s.f.). La reflexión cristiana desde este ángulo se centra en cómo seguir a Cristo a menudo significa desafiar estructuras opresivas, arriesgarse a malentendidos y dar testimonio de un reino "que no es de este mundo," (mas esta en este mundo) y está determinado a influenciar tomar cargo.

POSIBILIDAD ADICIONAL DE INTERPRETACIÓN

El Rey Universal: Cruzando Fronteras y Naciones

La llegada de los magos desde "Oriente" indica que el reinado de este rey no se limita a Israel. **El hecho de que los extranjeros reconozcan a Jesús como rey insinúa una historia mucho más amplia: una en la que los propósitos de Dios abarcan a todas las naciones.** El Evangelio de Mateo termina con **Jesús declarando**: ***"Toda autoridad** en el cielo y en la tierra* ***me ha sido dada"***. - (Mateo 28:18), señalando una visión de **la realeza que abarca culturas, lenguas y** territorios.

Esta perspectiva sugiere que el nacimiento de Jesús tiene implicaciones cósmicas, convirtiéndole en rey para todas las personas, no solo para una tribu o tradición. En la práctica cristiana, esta visión universal impulsa el trabajo misionero, la colaboración intercultural y el llamado a la iglesia a acoger a personas de todos los orígenes. Los dones y la adoración de los magos se convierten en signos de un futuro en el que cada pueblo y lengua celebra el reinado de Jesús, moldeando tanto la teología como la práctica para un movimiento cristiano verdaderamente global, y el Reino de Dios proclamado y expandido por todo el planeta Tierra.

Resumen y Reflexión del Capítulo 4

Tras explorar las capas históricas, políticas y teológicas detrás del título **"Rey"** en Mateo 2:2, (o nacido rey), vemos que la realeza de Jesús desafía las expectativas de poder, autoridad e identidad. La pregunta planteada por los Magos nos invita a considerar a un rey que es a la vez humilde y profético, **controvertido** y universal—uno cuyo reinado redefine lo que significa liderar y gobernar. Ahora que entendemos estas ricas dimensiones, podemos abordar este pasaje con nueva curiosidad y una visión más profunda, listos para entablar conversaciones con otros sobre **el papel único de Jesús como Rey** y lo que **su historia revela** sobre **el Reino de Dios irrumpiendo en nuestro mundo**.

Lista de referencias del capítulo 4:

Referencia bíblica primaria

Mateo 2:2 … *"¿Dónde está el que ha nacido rey…?"* Según la - Biblia Nueva Versión Imternacional, y otras versiones.

Otras referencias

Guzik, D. (8 de diciembre de 2015). *Mateo capítulo 2*. - EnduringWord.com

Mito e historia en la Epifanía de Mateo 2 | Psephizo. (29 de diciembre de 2021). – Psphizo.com

Comentario de Mateo 2 | Precepto Austin. (s.f.). - preceptaustin.org

La visita de los magos en Mateo 2:1-12. (27 de diciembre de 2015). Reflexiones sobre temas teológicos de interés. – Regehrlein.Wordpress.com

Capítulo 5:

Caso raro de...

ESTRELLA que se Mueve y Para

Desafiando la Norma y el Principio Establecido de las Constelaciones

Mateo 2:2 y Mateo 2:9 – (Biblia) – VRV, - NVI.

¿Milagro, Símbolo o Evento Astronómico?

La **rara historia de la estrella en movimiento** en el Nuevo Testamento desafía todo lo que creemos saber sobre las señales en el cielo. A diferencia de las estrellas ordinarias que siguen trayectos predecibles, **esta estrella parece desafiar las leyes naturales: guía a los viajeros por una ruta específica** y **se detiene exactamente donde termina su viaje**. Durante siglos, tanto estudiosos como creyentes han debatido si este evento fue un milagro literal, un mensaje simbólico o simplemente un suceso astronómico inusual malinterpretado por los observadores antiguos. Este capítulo te invita a examinar la historia bíblica junto con perspectivas históricas y científicas, abriendo la puerta a nuevas formas de entender uno de los detalles más desconcertantes e intrigantes del Evangelio.

Descripción Bíblica, Contexto Antiguo y Candidatos a Fenómenos Naturales

Una estrella se alza en el este, brillando con un resplandor inusual. **Sabios**—entrenados en astronomía antigua—notan su ascenso. Viajan lejos, hablando de *"su estrella cuando salió"* y buscando a un rey recién nacido - (**Mateo 2:2**). Su viaje no sigue una vaga observación de las estrellas, sino una luz que, según la narración, *"pasó delante de ellos"* y luego se detuvo sobre el lugar exacto donde estaba el niño (**Mateo 2:9**). Este detalle destaca: las estrellas ordinarias no viajan por el cielo guiando a viajeros específicos, para luego detenerse precisamente sobre una casa. Desde tiempos antiguos, esta historia ha despertado tanto a mentes curiosas como eruditas, planteando un enigma que abarca las disciplinas de la teología, la astronomía y la historia.

Para la gente de la época de Mateo, las maravillas en el cielo nocturno no eran nada nuevo. Civilizaciones como Babilonia y Persia desarrollaron métodos sofisticados para rastrear planetas, estrellas y, de vez en cuando, algún cometa. Los Magos que aparecen en la narrativa evangélica probablemente pertenecían a este mundo: **sacerdotes o sabios** impregnados de las tradiciones astrológicas de su cultura. Utilizando registros cuidadosos en tabletas de arcilla, astrónomos expertos trazaron trayectorias planetarias, predijeron eclipses y leyeron presagios en los cielos. **Reconocieron 'eventos raros'**: una alineación brillante de planetas, el barrido de un cometa, la aparición repentina de una nova. Cada uno de estos fenómenos naturales inspiraba asombro, a menudo tratado como señales de que se estaban desarrollando poderosos acontecimientos en la Tierra.

El relato del Evangelio añade un giro. **La "estrella"** en el texto de Mateo realiza hazañas inauditas. No se mueve simplemente siguiendo el arco normal del cielo, sino que guía desde Jerusalén hacia el sur hasta Belén—unos seis millas—**guiando a los reyes magos hasta una casa y luego deteniéndose sobre ella**. Ningún objeto celeste observado en la antigüedad se había comportado así jamás. Los planetas se mueven por trayectorias establecidas, las estrellas se elevan hacia el este y se ponen por el oeste, y ni siquiera el cometa más grande puede señalar un lugar para que los viajeros visiten. La forma de expresar Mateo resalta la maravilla: **la luz va "delante de ellos"**, actuando más como un guía personal que como un cuerpo astronómico lejano.

Los estudiosos han explorado detenidamente las explicaciones naturales, proponiendo varios candidatos para la estrella. Algunos señalan conjunciones planetarias, especialmente la triple unión de Júpiter y Saturno en el 7 A.C. Para los ojos entrenados de astrólogos babilonios o persas, tal acontecimiento habría tenido un significado muy importante. Júpiter—la "estrella del universo"—combinando fuerzas con Saturno, vinculado a Palestina, en la constelación de Piscis, un presagio de los últimos días, podría haber enviado **un mensaje claro de un nacimiento real 'que marcó una época'**. - (admin, 2015). Observando el cielo nocturno, los antiguos sacerdotes habrían visto cómo el resplandor de los planetas se fusionaba, formando una llamativa "estrella" visible durante meses. Sin embargo, incluso los observadores más devotos sabían que estos eran movimientos gobernados por la ley natural. Estas conjunciones, aunque raras, ocurrían a intervalos y no podían parar sobre una casa ni recorrer distancias cortas de pueblo en pueblo.

Otras propuestas se centran en cometas o novas. A veces un cometa arde durante semanas, su cola arqueando cielos familiares. Una nova, una explosión de una estrella lejana, también puede crear un punto deslumbrante de luz repentina. Los registros antiguos describen estos acontecimientos: los astrónomos chinos en particular documentaban "estrellas invitadas" inesperadas durante la noche. Sin embargo, ambos fenómenos conllevan problemas. Los objetos naturales se mueven de forma constante por el cielo. No se detienen en el lugar ni "guian" a las personas a través de un paisaje. La historia en Mateo resiste limitarse a lo que los antiguos naturalistas podrían explicar.

A medida que las explicaciones estándar flaquean, surge otro marco: la estrella como signo sobrenatural. Esta interpretación acepta el evento como uno que desafía a la naturaleza—no un cometa, ni un cruce planetario raro, sino un fenómeno provocado por la intervención de Dios. La estrella funciona como un indicador visible, guiando a los Magos en un viaje que ningún cálculo simple podría predecir. Desde 'el pilar de fuego' durante el Éxodo hasta el 'resplandor de luz' en el camino a Damasco, el registro bíblico a menudo conecta la actividad de Dios con un resplandor maravilloso o milagroso. **La "estrella"** en Mateo actúa como escolta personal, guiando a los Magos paso a paso, deteniéndose sobre el niño, **señalando** que el poder divino estaba en acción en este momento de la historia.

Los lectores antiguos, y sus homólogos modernos, han luchado con esta tensión: ¿estamos presenciando una rara obra maestra del tiempo en los cielos, una serie cuidadosamente organizada de maravillas astronómicas, o un milagro que trasciende los movimientos del sol, los planetas y las estrellas? El texto bíblico invita a la curiosidad al describir una luz que se niega a encajar perfectamente en los patrones de observación ordinaria. Quienes miran con atención se quedan con una pregunta—la misma que impulsó a los Magos a avanzar: ¿Qué tipo de señal podría atraer a los sabios desde lejos y señalar tan claramente a un rey recién nacido?

Marcos Interpretativos y Relevancia Teológica

Las preguntas sobre la estrella que lideró a los Magos nunca encajaban del todo en una sola caja. El evento se encuentra en la encrucijada entre el milagro, el mensaje, la naturaleza y la cultura. Abordarlo a través de los marcos que la gente ha utilizado para explicar la historia abre capas de significado que siguen moldeando la creencia e imaginación cristianas.

POSIBILIDAD DE INTERPRETACIÓN 1:

Interpretación Literal del Milagro

Para muchos, el Evangelio espera que el lector vea la estrella como una intervención sobrenatural—Dios doblando el mundo físico para guiar a buscadores amables hacia Jesús. Esta interpretación toma la narrativa al pie de la letra: la estrella hace algo que ningún objeto astronómico conocido hace: viaja delante de los Magos, se detiene sobre una casa y muestra movimiento voluntario. Las personas que sostienen esta visión señalan el precedente de signos y maravillas a lo largo de las Escrituras, viendo la estrella como parte de la acción directa de Dios en la historia de la salvación. - (Armstrong, 2021). Teológicamente, esta interpretación hace una declaración clara: **Dios no está limitado por la ley** natural, sino que reina tanto como **Creador** como **Sostenedor**, capaz en cualquier momento de actuar de manera que dejen a la ciencia sin palabras. Los Magos se convierten en testigos de una verdad que el Antiguo Testamento proclama a menudo: **Dios se revela, no solo en Israel**, sino a naciones lejanas. Su llegada, guiada por la estrella milagrosa, representa la bienvenida del mundo gentil a la promesa mesiánica. Los defensores de esta visión sostienen que la revelación divina no necesita validación racional, y que el signo milagroso **de la estrella exige fe** en el poder y la sabiduría de Dios. Su enfoque se basa en confiar en el relato bíblico como un momento único donde la explicación natural, por atractiva que sea, no es ni necesaria ni suficiente.

POSIBILIDAD DE INTERPRETACIÓN 2:

Interpretación Simbólica

Otra corriente de interpretación considera la estrella menos como un objeto físico y más como un símbolo cargado. Aquí, el detalle sobre la estrella "en movimiento" resalta la actividad intencionada de Dios, pero no describe necesariamente un suceso astronómico histórico. El foco cambia a lo que proclama la historia sobre Jesús: el verdadero Rey prometido de parte de

Dios, luz enviada a un mundo oscuro, esperanza que se eleva sobre todas las personas. Para estos intérpretes, el viaje y la adoración de los Magos cumplen las esperanzas del Antiguo Testamento de que las naciones vienen a adorar al Señor. - (Adair, 2016). Leen la estrella como otro punto de referencia en el tapiz de cumplimiento del Evangelio, enfatizando el significado sobre el mecanismo. La estrella "se detiene" porque **el propósito de Dios encuentra su objetivo**; la búsqueda de los Magos termina en el lugar elegido por Dios. Esta escuela se alinea con gran parte de la literatura antigua, donde los signos en el cielo sirven no solo para narrar eventos, sino para comunicar verdades teológicas sobre la realeza y el destino. Saboreando la riqueza del simbolismo bíblico, estos intérpretes animan a una lectura que va más allá de los detalles físicos y busca la voz espiritual de la historia. De este modo, la estrella pasa a formar parte de la tradición que ve a Jesús como la "luz para las naciones", iluminando el camino para todos los que buscan.

POSIBILIDAD SI INTERPRETACIÓN 3:

Interpretación de Eventos Astronómicos Naturales

Muchos proponen que el evento descrito en Mateo refleja fenómenos reales que los sabios mesopotámicos habrían considerado impresionantes. Las teorías van desde conjunciones planetarias —Júpiter y Saturno, o una serie de apariciones brillantes del propio Júpiter— hasta cometas o una posible nova. Los registros antiguos muestran que los astrólogos asignaban significado a objetos deslumbrantes en el cielo nocturno. Para Magos entrenados en buscar significado entre planetas y estrellas, una apariencia inusual podría fácilmente significar el nacimiento de un gran rey. -(Hoffmann, 2021; Armstrong, 2021). Versiones populares sugieren que la "estrella" era un evento reconocible interpretado a través del prisma de la antigua profecía y la astrología. Esto hace plausible el viaje de los Magos dentro de su cultura: el cielo traía mensajes a quienes sabían leerlos. Sin embargo, esta visión plantea una pregunta delicada: **¿cómo se explica que la estrella "se detenga"** sobre una casa concreta? Ningún desarrollo, conjunción o cometa conocido tiene la capacidad de aislar un solo edificio en una pequeña aldea. Los estudiosos que siguen este camino suelen ver el lenguaje bíblico como una descripción cultural—fenomenológica y una narración interpretativa, más que como un relato científico preciso.

Posibilidad de Interpretación en Combinación

Un cuarto camino intenta mantener unidos los hilos de **la naturaleza y el milagro**. Aquí, la estrella era un auténtico evento astronómico—una alineación planetaria o quizá una apariencia llamativa de Júpiter—**usada por Dios como señal**, pero con una "capa" sobrenatural que guiaba a los Magos con una precisión que ningún cuerpo natural podía alcanzar. Dios pone en marcha el mundo ordinario y, cuando es necesario, lo guía con una providencia extraordinaria. El milagro no radica en doblar la ley natural para romper, sino en orquestar eventos con un propósito particular que hable a personas sintonizadas con los cielos. - (Armstrong, 2021; Adair, 2016). Esta postura honra tanto un fenómeno observable como la dirección activa de Dios, mostrando que la fe y la indagación empírica no tienen por qué ser rivales. La historia se sitúa entonces cómodamente dentro **de antiguas convicciones judías y cristianas** que Dios comunica tanto a través de la creación como de la intervención directa.

El pensamiento evangélico a menudo refleja las cuatro opiniones, dependiendo del énfasis. Algunos defienden el milagro directo, otros el simbolismo, otros la armonía entre la astronomía y el propósito divino, tomando partido de una larga tradición de pensadores cristianos que han preguntado dónde se encuentra la fe con el hecho. - (Armstrong, 2021). Cada interpretación plantea preguntas sobre la naturaleza de Dios, la autoridad de las Escrituras y la relación entre la curiosidad científica y la confianza espiritual. El misterio de la estrella brilla, invitando a una nueva maravilla ante una historia antigua.

Resumen y Reflexión del Capítulo 5

Tras explorar la descripción bíblica, el trasfondo histórico y las diversas interpretaciones de **la estrella en movimiento del Nuevo Testamento**, vemos cómo esta notable historia nos desafía a reflexionar profundamente sobre la relación entre la fe, la historia y el mundo natural. Ya sea entendida como un milagro literal, un símbolo rico, un evento natural o una combinación de estos, la estrella invita a una reflexión continua sobre **cómo Dios revela** la verdad tanto a través de lo visible como de lo invisible. Ahora que hemos examinado estas perspectivas, podemos entablar conversaciones con confianza sobre este antiguo signo: fomentar la curiosidad, honrar el misterio y apreciar las muchas formas en que el Evangelio habla a los buscadores a lo largo del tiempo y la cultura. Esta comprensión nos prepara para guiar a otros con reflexión a través de uno de los pasajes más raros, fascinantes e inspiradores de la Biblia.

Lista de referencias del capítulo 5:

Referencia bíblica primaria:

Mateo 2:2 y **Mateo 2:9** El raro caso de ***"la estrella moviéndose y deteniéndose"*** mencionado en (Biblia) – Version Reina Valera y otras Versiones/Traducciones

Otras referencias:

Adair, A. (23 de diciembre de 2016). *Una mirada crítica a la historia de la interpretación de la Estrella de Belén en la literatura científica y los estudios bíblicos*. - Academia.edu

Armstrong, D. (13 de enero de 2021). *La Estrella de Belén: ¿Natural o sobrenatural?* Evidencia bíblica a favor del catolicismo. – patheos.com

Geating, W. (2016). *La Estrella de Belén*. - Biblearchaeology.org

admin. (25 de noviembre de 2015). *Mateo 2:2 – La estrella de Belén – Caminando con los gigantes*. Walkingwithgiants.net.

Capítulo 6:

Caso Raro de...

Un FINAL de Vida y Revelación

Ver la Mayor Profecía Cumplida Antes de Morir

Lucas 2:25-26 – NVI

La Revelación de/a Simeón Sobre Ver al Mesías Antes de la Muerte

Pocas personas reciben una promesa clara y directa de Dios sobre algo tan personal y profundo. Sin embargo, a Simeón le dijeron (o El Espiritu Santo le reveló) que vería al Mesías antes de morir, una promesa cumplida en un momento que lo cambió todo para él. Este tipo de seguridad divina desafía cómo entendemos la fe, el momento y la esperanza. Plantea preguntas sobre cómo Dios elige revelarse y cómo esas revelaciones moldean no solo la vida individual, sino también las expectativas de comunidades enteras. La historia nos invita a reflexionar profundamente sobre lo que significa esperar fielmente, reconocer la obra de Dios cuando llega de forma inesperada y encontrar ánimo en promesas cumplidas más allá de nuestra propia comprensión.

La Promesa Profética de Simeón (Lucas 2:25–26): Seguridad Divina, Momento Único, Significado Teológico y Estímulo Pastoral

Pasajes bíblicos como el encuentro de Simeón en Lucas 2 invitan a los lectores atentos a considerar lo que realmente significan estos momentos. Las narrativas proféticas invitan a la reflexión que va más allá de lo que ocurrió. Abren puertas para explorar cómo obra Dios, cómo responden las personas y cómo las historias moldean la fe a lo largo de los siglos. Surgen cuatro enfoques fieles al abordar la experiencia de Simeón en el templo.

Promesa Divina Literal

Muchos cristianos evangélicos y estudiosos toman esta historia como un registro directo de la intervención directa de Dios. Según esta interpretación, Dios hizo a Simeón una promesa real, y esa promesa se mantuvo en un tiempo y lugar reales. El Evangelio de Lucas es a menudo alabado por incluir detalles históricos y testimonios de testigos presenciales, señalando la intención del autor de presentar hechos reales. **Simeón**, descrito como un hombre justo y devoto, esperó fielmente en Jerusalén hasta **que "vio"** al Cristo del Señor. El momento en que sostuvo físicamente al niño Jesús y declaró: ***"Mis ojos han visto tu salvación"***, se considera un ejemplo poderoso de que Dios cumple incluso las promesas más personales de una manera definida y observable. - (*Alabanza profética a Simeón*, 2025). Los comentaristas evangélicos sostienen que historias como esta anclan nuestra confianza en la fiabilidad de la Biblia y alimentan la esperanza de que Dios guardará cada palabra que ha pronunciado, no solo a profetas y patriarcas, sino también a personas comunes como Simeón. - *(Carlos Simeón-Sermones sobre Lucas | Precepto Austin*, 2022). Simeón es un recordatorio de que Dios nota la fidelidad individual y responde. Para los lectores que se sienten cansados de esperar, este enfoque fortalece la confianza de que la esperanza en Dios no está mal colocada, porque Él actúa en la historia.

Visión Simbólica Espiritual

Algunos intérpretes sugieren que hay una capa más profunda de significado dentro de la visión de Simeón. Aunque la narración describe un evento real, "ver" al Mesías también apunta a la percepción espiritual. Según esta visión, el Espíritu Santo no solo orquesta los acontecimientos, sino que ilumina los corazones y mentes de las personas abiertas a la guía de Dios. La capacidad de **Simeón** para reconocer al niño como Cristo no era automática. Puede que hubiera muchos niños en el templo ese día, pero fue la guía del Espíritu la que permitió a Simeón ver más allá de las apariencias. - (*Alabanza profética a Simeón*, 2025). Esta interpretación llama la atención sobre la diferencia entre la observación física y la comprensión espiritual. Para los creyentes, es posible encontrar la presencia de Dios de maneras que no pueden medirse solo con la vista. Las experiencias de oración, adoración o momentos de claridad pueden ser formas en que el Espíritu ayuda a las personas a "ver" a Cristo activo en sus vidas. Un ejemplo para grupos pequeños podría ser invitar a los participantes a compartir cuando sintieran la presencia o la guía de Dios, incluso cuando sus circunstancias parecían ordinarias. Esta perspectiva recuerda a los lectores que la fe implica una apertura a la revelación y una postura de disposición para reconocer la acción de Dios en lugares inesperados.

Modelo de la Expectativa Mesiánica

Otro enfoque ve **a Simeón como** un puente entre la esperanza del antiguo Israel y el cumplimiento en Jesús. Los estudiosos evangélicos señalan que, durante siglos, los judíos fieles anhelaron la *"consolación de Israel"*—una oración común por la llegada del Mesías estaba en sus labios. - (*Alabanza profética a Simeón*, 2025). **Simeón, descrito** como *"esperando el consuelo de Israel",* se convierte en un arquetipo de esta esperanza largamente mantenida. Sus palabras y acciones muestran una fe anclada en las promesas de Dios que se remontan a Abraham y David. - (Génesis 22:16-18; Salmo 89; Salmo 132). Al anunciar que la salvación había llegado para *"todos los pueblos",* el testimonio de Simeón encarna el cambio de expectativas nacionales exclusivas a una invitación mundial en Cristo. Esta lectura destaca a Simeón como símbolo comunitario, no solo como individuo. Los líderes de estudios bíblicos pueden usar esta interpretación para fomentar el debate sobre cómo las historias personales de espera y realización resuenan dentro de la historia más amplia del pueblo de Dios. - *(Carlos Simeón-Sermones sobre Lucas | Precepto Austin*, 2022). Los primeros cristianos habrían leído su historia y sentido la seguridad de que su fe tenía raíces en la antigua alianza de Dios, ahora cumplida en Jesús.

Aplicación Devocional Personal y Comunitaria

La experiencia de Simeón sigue hablando a los creyentes como una imagen de fe paciente y esperanzadora. Los escritores devocionales evangélicos suelen explorar cómo su viaje modela la postura de espera en Dios a lo largo de toda la vida. Su disposición a confiar en la promesa de Dios, permanecer presente en la adoración y recibir nuevas revelaciones en el momento adecuado ofrece orientación a cualquiera que atraviese una época de incertidumbre. El Nunc Dimittis, la oración de Simeón en Lucas 2:29-32, ha desempeñado un papel en la liturgia cristiana durante siglos, reflejando el deseo de liberación y paz tras reconocer la salvación de Dios. - (*Alabanza profética a Simeón*, 2025). Los ministerios juveniles pueden usar esta narrativa para ayudar a los adolescentes a reconocer que el momento de Dios no siempre es predecible, sino siempre sabio. En pequeños grupos, los miembros pueden compartir promesas que están esperando, encontrando ánimo en la esperanza persistente de Simeón. Este enfoque ve a Simeón como un ejemplo y compañero para todos los que anhelan la fidelidad de Dios, tanto como individuos como comunidades.

Estas cuatro lecturas, aunque diferentes, ofrecen ventanas a la riqueza del encuentro de Simeón. Cada enfoque cultiva una comprensión renovada, fomentando un compromiso maduro con la fe que honra las muchas formas en que Dios aún obra en el mundo. - (*Alabanza profética a Simeón*, 2025; *Carlos Simeón-Sermones sobre Lucas | Precepto Austin*, 2022).

Explorarlas juntos ayuda a los lectores a apreciar la profundidad de las Escrituras e invita a responder con adoración, confianza y expectación.

Posibilidades Interpretativas Para la Experiencia de Simeón: Cuatro Lecturas Distintas

La experiencia de Simeón en Lucas 2:25–26 ha inspirado una variedad de interpretaciones que moldean la forma en que los creyentes abordan la fe, la profecía y la presencia del Espíritu Santo en la vida cotidiana. Cada marco interpretativo saca a relucir una faceta diferente de la historia, invitando a jóvenes adultos, líderes de estudios bíblicos y exploradores de la fe a encontrarse con la historia de Simeón de una manera que responde a sus preguntas y esperanzas más profundas.

POSIBILIDAD DE INTERPRETACIÓN 1:

Promesa Divina Literal de Ver al Mesías Antes de la Muerte

Una interpretación popular sostiene que el encuentro de Simeón fue una promesa literal e histórica cumplida por Dios. Los estudiosos evangélicos que adoptan esta visión subrayan la naturaleza real y física de **la promesa de Simeón**. El Espíritu Santo le dijo directamente que vería al Mesías antes de el llegase a morir, y así fue—encontrándose con el niño Jesús en los patios del templo exactamente como Dios había dicho. Este enfoque se ve reforzado por los propios mensajes expositivos de Carlos Simeón, donde señala la expectativa inquebrantable de Simeón y el cumplimiento factual y externo de la promesa del Espíritu. - (*Charles Simeon-Índice de Sermones-2 | Precepto Austin*, 2015). Los comentaristas evangélicos suelen citar el texto "mis ojos han visto tu salvación" para reforzar que la fe en Dios no se basa solo en el significado metafórico, sino en los actos en tiempo y espacio reales. Tal interpretación da confianza a los lectores que necesitan anclas tangibles para creer en la profecía bíblica, mostrando que la fidelidad de Dios está arraigada en una acción verificable. Para quienes dirigen estudios bíblicos o luchan con dudas, esta lectura ofrece una poderosa sensación de seguridad: Dios cumple sus promesas de forma exacta y visible.

POSIBILIDAD DE INTERPRETACIÓN 2:

Representación Simbólica de la Visión Espiritual y la Preparación

Más allá del cumplimiento histórico, otra perspectiva interpretativa ve la "visión" de Simeón como una cuestión de visión espiritual potenciada por el Espíritu Santo. Aquí, el acto de **"ver" a Jesús va más allá de un simple encuentro físico**. Algunas fuentes evangélicas señalan que muchos en el templo ese día presenciaron el mismo evento, pero solo Simeón, guiado por el Espíritu, reconoció verdaderamente quién era Jesús. La reflexión de George Eliot sobre la experiencia y la doctrina encaja aquí, enfatizando cómo las verdades deben convertirse en realidades sentidas antes de transformar vidas. - (El Espíritu Santo y la Experiencia Cristiana 0198827784, 9780198827788 - DOKUMEN. PUB, 2020). En esta tradición, el papel del Espíritu Santo es abrir los ojos espirituales, permitiendo a los creyentes no solo presenciar los acontecimientos, sino también comprender su significado. Esta lectura tiene un valor especial para jóvenes y exploradores de la fe que buscan una fe que vaya más allá de los hechos superficiales hacia la convicción interior. Los líderes de estudios bíblicos pueden guiar a los grupos para preguntarse: "¿Dónde nos invita el Espíritu a reconocer la obra de Dios de nuevas maneras?" Este marco fomenta el crecimiento del discernimiento, no solo del conocimiento.

POSIBILIDAD DE INTERPRETACIÓN 3:

Un Modelo de Expectativa y Esperanza Mesiánica en el Cristianismo Primitivo

La historia de Simeón también puede leerse como un modelo de expectativa mesiánica: un símbolo que marca la transición de una era de anhelo a una de plenitud. Para las primeras comunidades cristianas, Simeón encarnaba el fiel remanente de Israel, esperando en silencio y persecución la liberación prometida por Dios. Desde esta perspectiva, **la historia se erige como un puente que conecta el anhelo del Antiguo Testamento con la llegada del Nuevo Testamento**. El tratamiento que hace Carlos Simeón de los vínculos entre el Antiguo y el Nuevo Testamento afirma que el testimonio de Simeón "da a cada texto la proporción que merece", destacando la continuidad y la fiabilidad del plan revelado de Dios. -(*Charles Simeon-Índice de Sermones-2 | Precepto Austin*, 2015). Los jóvenes adultos que exploran su lugar en la historia continua de la fe pueden encontrar esperanza en la perseverancia y confianza de Simeón. Los líderes de estudios bíblicos pueden usar esta interpretación para verificar que la esperanza cristiana no rompe con sus raíces, sino que surge de siglos de cumplimiento activo de promesas por parte de Dios. Este sentido de historia compartida ayuda a las comunidades que enfrentan dudas o luchan a verse a sí mismas como herederos de antiguas expectativas que ahora se realizan en Cristo.

POSIBILIDAD ADICIONAL DE INTERPRETACIÓN

Significado Personal y Comunitario en la Práctica Devocional

Otra forma en que los creyentes han abordado el encuentro de Simeón es a través de su significado devocional personal y comunitario. Simeón es un icono de fe paciente, alguien que espera fielmente hasta que se revela la promesa de Dios, un camino que muchos cristianos hoy conocen de primera mano. Los escritores devocionales animan a los creyentes a responder a la espera con esperanza y confianza, reflejando sentimientos presentes en la representación de George Eliot sobre el cuidado pastoral significativo—donde la verdad solo se vuelve transformadora cuando se filtra a través de la experiencia vivida. - (El Espíritu Santo y la Experiencia Cristiana - DOKUMEN. PUB, 2020). Para quienes atraviesan épocas de incertidumbre, la historia de Simeón invita a la confianza en oración y a la seguridad de que el momento de Dios no defrauda. Pequeños grupos e individuos pueden encontrar fuerza al reflexionar sobre la fidelidad pasada para alimentar la esperanza en el presente.

Cada interpretación extrae un significado renovado de Lucas 2:25–26, adaptándose a las necesidades de los lectores en diferentes etapas. Una promesa literal habla a quienes necesitan la fiabilidad concreta de los acontecimientos bíblicos; El enfoque de la visión espiritual profundiza el discernimiento orante; el modelo mesiánico sitúa a los lectores en continuidad con todo el pueblo de Dios; El marco devocional ofrece paciencia y consuelo para el presente. Para cada lector, la historia de Simeón sigue siendo una guía—un compañero en el viaje desde el anhelo hasta la realización, desde la promesa hasta la realización alegre. - (*Charles Simeon-Índice de Sermones-2 | Precepto Austin*, 2015; El Espíritu Santo y la Experiencia Cristiana - DOKUMEN. PUB, 2020). En lugar de excluirse mutuamente, estos marcos pueden funcionar juntos, enriqueciendo la forma en que las comunidades e individuos se encuentran con la palabra viviente de Dios.

Resumen y Reflexión del Capítulo 6

Ahora que hemos explorado el encuentro único de Simeón con Jesús desde múltiples ángulos —viéndolo como una promesa clara de Dios, un momento de **profunda comprensión espiritual**, un puente entre **viejas esperanzas y nuevas realizaciones**, y una fuente de fe paciente— podemos apreciar lo rica y significativa que es realmente esta historia. Cada forma de entender la experiencia de Simeón ofrece valiosas lecciones para nuestros propios caminos de fe, animándonos a confiar en el momento de Dios, mantenernos abiertos a la guía del Espíritu, conectar con la historia más amplia del pueblo de Dios y encontrar esperanza en la espera. Para los jóvenes adultos, líderes de estudios bíblicos y cualquier persona curiosa por las Escrituras, este pasaje invita a la reflexión y conversación continuas, ayudándonos a crecer en la fe y a reconocer cómo Dios sigue revelando la salvación en nuestras vidas hoy en día.

Lista de Referencias del Capítulo 6:

Referencia bíblica primaria:

Lucas 2:25-26 – NVI

La revelación de Simeón sobre ver al Mesías antes de la muerte

Otras referencias:

Carlos Simeón-Sermones sobre Lucas | Precepto Austin. (2022). - Preceptaustin.org.

Charles Simeon-Índice de sermones-2 | Precepto Austin. (2015). - Preceptaustin.org.

Alabanza profética a Simeón. (2025). - Zianet.com.

El Espíritu Santo y la Experiencia Cristiana 0198827784, 9780198827788 - DOKUMEN. PUB. (2020). - dokumen.pub

PARTE 3:

CASOS RAROS DE...

UNA NUEVA VIDA

Capítulo 7:

Caso Raro de...

Declaración de un NIÑO de 12 años

Preocupado por Los Negocio del Dios/Padre

Lucas 2:49-50 ... "que 'los negocios de mi Padre' me es necesario estar?": La declaración y formación de identidad del 'Jesús de doce años'. - Según la Biblia – RV 1960

Un Extraordinario Niño

A los doce años, el mundo de **un niño** suele estar lleno de rutina: lecciones escolares, obligaciones familiares y el lento desarrollo del crecimiento. Sin embargo, imagina a este niño entrando en el gran templo de Jerusalén, rodeado de maestros eruditos, y pronunciando palabras que pillan a todos desprevenidos: *"Debo ocuparme de los asuntos de mi Padre."* En ese momento, algo se despierta más allá de la curiosidad infantil ordinaria o **el deseo de aprender**. Esta breve declaración abre una ventana a un complejo viaje de identidad, fe y propósito. Nos invita a detenernos y reflexionar sobre lo que significa para un joven reclamar una conexión tan cercana y personal con Dios en medio de las tradiciones y expectativas de la vida judía del siglo I. Las tensiones, preguntas y misterios envueltos en esas pocas palabras permanecen—no solo entre un niño y sus padres, sino entre lo humano y lo divino, lo conocido y lo desconocido. Al reflexionar sobre este encuentro, nos vemos arrastrados al tranquilo desarrollo de una vida extraordinaria marcada tanto por el crecimiento como por una profunda conciencia, que nos desafía a explorar cómo los primeros momentos pueden revelar mucho más de lo que parecen a primera vista.

Contexto Judío y Lenguaje Filial en Lucas 2:49–50

La sociedad judía del primer siglo mantenía una reverencia compartida por Dios enmarcada en el lenguaje del pacto arraigado en las escrituras Judías. El término **"Padre"** reflejaba el vínculo colectivo y de alianza entre Dios e Israel, **distinto** del enfoque íntimo e individual que surge de Jesús a los doce años. En las oraciones de la sinagoga y las liturgias del templo, los israelitas reconocían al Creador como su Padre en un sentido amplio, situando su identidad dentro de las promesas a Abraham, Isaac y Jacob. **Cuando Jesús**, un simple niño, se refiere a Dios como ***"mi Padre",*** se distingue de otros niños Judíos no solo por el lenguaje, sino por la profundidad de la relación que se implica. Su declaración va más allá de la reverencia habitual hacia Dios como Padre de la nación. Los estudiosos enfatizan este cambio, explicando que las palabras de Jesús en **Lucas 2:49** sentaron un nuevo precedente sobre cómo las primeras audiencias cristianas percibían el templo y la presencia de Dios. - (Aaron, 2010). Esto apunta a una cercanía y conciencia personal no reconocidas en las oraciones o rituales de la infancia de la época.

El duodécimo año de un niño en la tradición judía marcó más que el umbral hacia la adolescencia. **A esta edad**, los niños entraban en un periodo de preparación enfocada para el **Bar Mitzvá** —que normalmente se celebra a los trece años— donde aceptaban el yugo de la Torá y comenzaban a participar plenamente en el culto comunitario. Desde las oraciones matutinas hasta la asistencia a la sinagoga, los niños de doce años aprendieron a recitar fragmentos de las Escrituras, cuestionar a los maestros y comprender las obligaciones legales que se esperan de un hombre adulto dentro de la comunidad. La transición de niño a miembro responsable de la comunidad fue un proceso que se desarrolló a través de ejemplos descritos por los ancianos de la familia y la comunidad. La formación religiosa de un niño de doce años solía incluir la participación activa en fiestas, viajes a Jerusalén para las principales festividades e instrucción práctica de escribas o maestros de la Ley. En este contexto, la presencia de Jesús en el templo, interactuando con los maestros eruditos de Jerusalén y haciendo preguntas, encaja con el patrón **de un niño en vísperas de la adultez**. Y, sin embargo, su respuesta a María y José impregna una comprensión de sí misma que supera el entusiasmo religioso ordinario. Mientras sus compañeros aprendían la Ley como hijos de Israel, **Jesús habla** como alguien especialmente consciente de un llamado y una identidad directos que provienen del Padre celestial.

La importancia del templo enmarcó cada momento de este encuentro. En Jerusalén, el templo se alzaba como el axis mundi—el lugar central de la presencia, adoración y expiación de Dios. Allí la gente ofrecía sacrificios, celebraba grandes festividades y buscaba guía en los sacerdotes. Para las familias Judías, rodear el templo con honor formaba parte del patrón de rituales anuales como la Pascua, que Jesús y su familia acababan de observar. **Observar a Jesús en profunda discusión con maestros del templo** refleja la experiencia vivida de jóvenes eruditos absorbiendo sabiduría bíblica, pero también insinúa una preocupación más profunda. Las actividades del templo en la Pascua incluían ofrendas familiares, oraciones y participación en la enseñanza pública. Visitantes, peregrinos y maestros se agrupaban en los pórticos sombreados, reuniendo discípulos y debatiendo sobre la Ley. Esto no era curiosidad juvenil, sino un marcador de destino y vocación. - (Aaron, 2010; Daneshmand, 2016). Encontrar a Jesús tan absorto en estos asuntos que perdió de vista el viaje de regreso de sus padres indica que su "negocio" no era un asunto cualquiera: resonaba con un sentido singular de necesidad.

La pregunta de Mary tiene un peso emocional. Ella y José habían viajado un día entero antes de descubrir la ausencia de Jesús, sufriendo una ansiedad creciente con cada paso que retrocedía. Encontrarlo en el templo, atento a los maestros y sin inmutarse ante la angustia de los padres, debió de resultar tanto desconcertante como angustioso. La respuesta de Jesús: *«¿No sabíais que debo estar en las cosas de mi Padre?»* traducida en una versión literal, expone la tensión entre su lealtad espiritual y su papel como hijo dentro de un hogar humano. - (Daneshmand, 2016). Los estudiosos aclaran que la inusual redacción en griego invita al debate entre traductores; algunos lo traducen "en la casa de mi padre", otros, "sobre los asuntos de mi padre." Ambas explicaciones buscan completar el significado que proporciona el contexto de la enseñanza templaria y los asuntos religiosos.

La confusión de María y José refleja las limitaciones ordinarias de la comprensión humana al encontrarse con un propósito divino. El Evangelio de Lucas señala que ***"no entendieron el dicho"***, subrayando la misteriosa cualidad de la autoconciencia de Jesús a tan temprana edad. - (Aaron, 2010). Sin embargo, la narrativa de Lucas equilibra la revelación con la humildad. Aunque Jesús se diferencia al reclamar esta relación especial, regresa a casa obediente, sometiéndose a los ritmos y expectativas de la vida familiar. Retoma el patrón de respeto, aprendizaje y responsabilidad diaria. Su disposición a asumir deberes ordinarios mientras lleva un conocimiento extraordinario sugiere un equilibrio entre la obediencia a Dios y el honor hacia los padres humanos: una armonía de autoridad espiritual y humilde sumisión. La historia deja ecos de preguntas suaves: ¿Cuánto entendió Jesús sobre su misión a los doce años? ¿Hasta qué punto su familia entendía el significado de sus palabras? En el intercambio entre Jesús y sus padres, el evangelista atrae a los lectores tanto en la maravilla de la revelación temprana como en el enigma de la sabiduría divina creciente revelada en el contexto de la vida familiar ordinaria.

Tres Interpretaciones de la Afirmación Temprana de Identidad de Jesús e Implicaciones Teológicas

La forma en que **Jesús** llama a Dios ***"mi Padre"*** en el Templo cuando tenía doce años sigue desconcertando e inspirando a los lectores. Aquí, su conciencia y palabras plantean preguntas profundas: ¿cuánto sabía Jesús sobre sí mismo a esta edad y cómo este momento arroja luz sobre la mezcla única de divino y humano que encarnó, incluso en la infancia? Tres formas principales de leer esta historia ayudan a aclarar las diferentes cuestiones teológicas e históricas en juego.

POSIBILIDAD DE INTERPRETACIÓN: 1:

Conciencia Temprana de la Filiación Divina (como Hijo)

Una línea de interpretación, la Conciencia Temprana de la Filiación Divina, afirma que **Jesús,** incluso con doce años, comprendió plenamente su relación única con Dios y el propósito de su vida. Los estudiosos de este grupo señalan su uso de **"Padre"** —no "nuestro Padre" como en la oración pública, sino "mi Padre"— que señala intimidad personal e inmediata. La presencia de Jesús entre los maestros insinúa una confianza arraigada en su identidad. Muchos dentro de la erudición evangélica sostienen que este momento muestra "una extraordinaria autoconciencia que está detrás de sus palabras." - (Schrock, s.f.). Según esta visión, Jesús combinó un conocimiento mucho más allá de su edad con un sentido del destino; Sabía por qué había venido. Algunos describen esto como una "identidad no construida" lentamente, pero revelada orgánicamente a partir de la unidad de su personalidad. - (Schrock, s.f.). Citando esta perspectiva, D. A. Carson escribe: "Jesús nunca fue menos que el Hijo de Dios, y en cada etapa, se le presenta... como única en los propósitos del Padre." - (Schrock, s.f.). El corazón de esta interpretación ve al joven Jesús no solo como un estudiante precoz, sino como un niño que vive un llamado inato, con identidad y misión inseparables incluso en la adolescencia.

POSIBILIDAD DE INTERPRETACIÓN 2:

Conciencia Vocacional Emergente

Otro grupo de intérpretes, que favorecen una Conciencia Vocacional Emergente, ven a Jesús como una experiencia genuina de crecimiento y aprendizaje, descubriendo más sobre su papel con el tiempo. Sus palabras sobre estar ***"sobre los asuntos de mi padre"*** se ven como un paso público hacia la autocomprensión más que como una llegada definitiva a él. Esta lectura llama la atención sobre el contexto narrativo: Jesús se sienta, pregunta, escucha y responde, aún creciendo "en sabiduría y estatura" (**Lucas 2:52**). Estudiosos como Howard Marshall capturan esta idea, escribiendo: "Jesús expresa un reconocimiento despertar de su tarea, no su comprensión completa." - (Schrock, s.f.). El momento en el Templo se convierte en un punto de referencia en el camino, no en el punto final. La humanidad de Jesús se expresa en su apertura a aprender, cuestionar y crecer en su vocación, un proceso que incluye el misterio y el descubrimiento. Los escritores evangélicos que apoyan este enfoque destacan la verdadera infancia de Jesús, recordando a los lectores que "él aumentó en sabiduría" significaba cambio y desarrollo reales. - (Schrock, s.f.). Por tanto, la historia pone de relieve la maduración de la vocación, con el sentido de propósito de Jesús expandiéndose como los horizontes de cualquier niño en crecimiento, pero con la diferencia de que el centro de esta conciencia es Dios como Padre.

POSIBILIDAD DE INTERPRETACIÓN 3:

Proclamación Simbólica de la Identidad Mesiánica

Otra forma de leer esta historia es desde la perspectiva de la Proclamación Simbólica de la Identidad Mesiánica. Aquí, el foco se centra en cómo Lucas moldea su Evangelio. Este enfoque ve la declaración de Jesús menos como un registro de la experiencia psicológica interior y más como una declaración para los oyentes y lectores del Evangelio. Dentro de este marco, las palabras de Jesús anuncian su **identidad** como Hijo y Siervo de Dios, haciendo eco de patrones dcl Antiguo Testamento. Lucas prepara el terreno para que Jesús sea quien cumple y trasciende las expectativas de Adán, Israel y David. - (Schrock, s.f.). Los evangélicos que adoptan esta lectura centrada en la narrativa afirman que "la confesión del niño es programática" para el Evangelio, no necesariamente una ventana detallada a la conciencia personal de Jesús a los doce años, sino una lente a través de la cual se aclara el plan redentor de Dios. - (Schrock, s.f.). El propósito principal de la declaración se vuelve teológico: mostrar a los lectores que Jesús es el agente y heredero de Dios dentro de la línea de la expectativa judía, utilizando un episodio infantil como medio para revelar una verdad mucho mayor sobre la acción divina en la historia.

POSIBILIDAD DE INTERPRETACIÓN (Combinada)

Implicaciones Teológicas para las Naturalezas Divina y Humana

Cada una de estas interpretaciones implica preguntas sobre cómo encajan la divinidad y la **humanidad** de **Jesús**, especialmente al considerar al joven y creciente Jesús. La visión de la Conciencia Temprana tiende a una imagen de Jesús siempre consciente de su identidad divina. La Conciencia Vocacional Emergente le ve como alguien que aprende y descubre, capturando un proceso genuino de desarrollo. La perspectiva de la Proclamación Simbólica pone énfasis en lo que la historia revela sobre la fe y la enseñanza más que en la psicología histórica. Sin embargo, los tres deben enfrentarse a la realidad de la Encarnación, cuando Dios se hizo plenamente humano y experimentó el tiempo, el aprendizaje y el crecimiento dentro del mundo. El misterio en el núcleo es lo que la teología posterior llama la unión hipóstica: **Jesús**, verdadero Dios y **verdadero hombre**, permaneciendo una sola persona. Los teólogos evangélicos describen esto como el corazón de la fe cristiana, donde "el Hijo de Dios toma la forma de un siervo... nacido de mujer, nacido bajo la ley". - (Schrock, s.f.; *Jesús y la identidad de Dios*, s.f.). Esta tensión moldea cómo los cristianos llegan a entender la salvación: una misión planeada desde toda la eternidad, pero llevada a cabo dentro del mundo de las limitaciones y el crecimiento humanos. - (*Jesús y la identidad de Dios*, s.f.). La historia del Templo en Lucas, entonces, sirve como ventana a cómo Jesús pudo buscar a su Padre con verdadera juventud y mostrar una misión divina sin que se viera por accidente.

Resumen y Reflexión del Capítulo 7

Ahora que hemos explorado **la declaración de Jesús a los doce** años — *"Debo ocuparme de los asuntos de mi Padre"*— dentro de su rico contexto judío y considerado las diferentes formas en que los estudiosos interpretan su autoconciencia temprana, podemos apreciar mejor **cómo este momento moldea nuestra comprensión de su identidad única**. Ya sea vista como una clara señal de filiación divina, un creciente sentido de propósito o un mensaje simbólico para los lectores, las palabras de Jesús nos invitan a reflexionar sobre el equilibrio entre el crecimiento humano y la misión divina. Esta historia nos anima a abrazar tanto el misterio como el significado detrás de la vida de Jesús, inspirando una curiosidad más profunda y un debate reflexivo mientras seguimos explorando quién es y qué significa su vocación para nosotros hoy.

Lista de referencias del capítulo 7:

Referencia bíblica primaria:

Lucas 2:49-50 La rara 'Declaración de un Niño' (**Jesús en los 12**): -*"...que en los negocios de mi padre me es necesario estar?"* – (Biblia) Version Reina Valera 1960

Otras referencias:

Daneshmand, J. (22 de septiembre de 2016). *El arte de la traducción: Un ejemplo de Lucas 2.49.* - thetwocities.com

Jesús y la identidad de Dios. (s.f.). - Ntwrightpage.com.

Schrock, D. (s.f.). *Jesús como Hijo de Dios*. - thegospelcoalition.org

Aarón. (4 de noviembre de 2010). *La interpretación de Lucas 2:49 y la importancia del Templo en el Evangelio de Lucas*. - aarongiesler.com

Capítulo 8:

Caso Raro de...

Adolescencia y JUVENTUD de JESÚS

Un Resumen Breve; de '18 Años de Vida' en Un Solo Verso

Lucas 2:52 "*Y Jesús crecía en sabiduría, en estatura y en gracia para con Dios y los hombres".* **(Biblia) – Versión Reina Valera; Traducción 1960**

Leyendo el Currículum-de-Una-Línea (de un verso; segůn Lucas) Sobre el Crecimiento Adolescente y Juvenil de Jesús

Muchos lectores de los Evangelios se sienten desconcertados por una notable brecha: tras las detalladas historias del nacimiento y la infancia de Jesús, **su vida temprana se resume en un solo breve versículo.** A diferencia de las ricas narrativas sobre su ministerio posterior, los años **entre** la infancia y el inicio de su labor pública permanecen casi completamente silenciosos. Esta ausencia plantea preguntas sobre por qué una parte tan significativa **de la vida de Jesús queda en gran medida sin explorar** y qué podría significar ese silencio para cómo lo entendemos.

Este capítulo examina ese único versículo—**Lucas 2:52**—y considera las muchas razones por las que los evangelistas podrían haber elegido mantener la juventud de Jesús tan comprimida. Al explorar elecciones literarias, intenciones teológicas e implicaciones pastorales, ofrece perspectivas frescas sobre la importancia de esta brecha narrativa. A través del análisis de diferentes enfoques interpretativos, se invita a los lectores a reflexionar sobre lo que revela el breve resumen de Lucas y qué significados se encuentran en los espacios tranquilos de la historia.

Análisis e Implicaciones de Lucas 2:52 (Explicando el significado literario y teológico y proporcionando orientación interpretativa)

Los evangelistas presentan la juventud de Jesús con una brevedad deliberada, ofreciendo solo un versículo —**Lucas 2:52**— entre los relatos de la infancia y el inicio de Su ministerio público. Cuatro marcos distintos ayudan a explicar esta elección narrativa, cada uno sacando a relucir valores y doctrinas únicos dentro de la tradición cristiana.

Enfoque Teológico en el Ministerio Público

La primera interpretación ve el silencio evangélico como una elección intencionada de los evangelistas. Concentran su narración en la misión redentora de Jesús, más que en sus primeros años, para mantener el foco en lo que exige el mensaje de salvación. Esta frase señala desarrollo y preparación sin distraer del tema central: la proclamación de la salvación de Dios a través de Jesús, a menudo llamada kerygma. - (Guzik, 2022; *Lucas 2 - el ilustrador bíblico - Comentarios bíblicos - StudyLight.org*, 2025). **Lucas 2:52** funciona como bisagra literaria, proporcionando lo justo para asegurar a los lectores la preparación de Jesús: *"Y Jesús creció en sabiduría y estatura, y en favor con Dios y con los hombres."*

El razonamiento teológico aquí se basa en la convicción evangélica de que **la intención principal del Evangelio es proclamar las buenas nuevas de la muerte y resurrección de Jesús**. Por ello, los detalles narrativos sobre su juventud podrían diluir o nublar ese mensaje claro y salvador. Los estudiosos evangélicos —como los citados en los comentarios estándar— repiten regularmente que el verdadero significado reside en los actos públicos y el sacrificio final de Jesús. Aceptar esta interpretación lleva a los lectores a centrar su fe en la obra redentora de Jesús y en el mensaje central, en lugar de tratar los Evangelios como biografías completas.

Respeto por la Privacidad y Humildad

Una segunda interpretación apunta al respeto por la privacidad y la humildad, tanto en el ejemplo que dio Jesús como en la forma en que los evangelistas le honraron. Esta lectura propone que, al dejar los años de crecimiento cotidiano de Jesús mayormente intactos, la Escritura afirma su participación real y humilde en la vida familiar y ordinaria del pueblo. La ausencia de historias infantiles extraordinarias apoya las ideas evangélicas sobre **el Cristo encarnado creciendo** *"en favor de Dios y del hombre*", como cualquier otro niño judío. - (Guzik, 2022). Lucas 2:52 ofrece un resumen digno, mostrando una maduración constante y saludable sin espectáculos ni exhibiciones sobrenaturales.

Este enfoque resalta la humildad de la encarnación de Jesús. Lejos de presentar una figura mesiánica sensacionalista o triunfalista desde la infancia, los Evangelios evitan exagerar su vida temprana. Tal contención muestra una humildad cristiana a los lectores y contrarresta con fanfarria las antiguas ideas de la realeza divina que entra en la historia. Los comentaristas evangélicos suelen vincular **la experiencia de Jesús con la gente común**, mostrando que Él vivió y creció a medida que ellos, y esta comprensión anima a los creyentes a valorar la fidelidad silenciosa, no solo las acciones públicas. El impacto teológico traslada la atención a cómo Jesús participa en el viaje humano cotidiano, invitando a todas las personas a ver reflejadas sus propias vidas en su vida humana natural.

Tradiciones Perdidas o no Registradas

Una tercera explicación sugiere que las historias sobre la juventud de Jesús pudieron haber existido en las primeras comunidades cristianas, pero nunca fueron escritas en los Evangelios. Las tradiciones antiguas podían compartirse o recordarse oralmente, pero **los autores del** Evangelio, bajo la guía del Espíritu Santo, solo incluían lo que ofrecía beneficio espiritual a sus audiencias. - (Guzik, 2022). El único versículo en resumen que nos presenta Lucas, puede indicar que el autor conocía tal material, o al menos, la curiosidad que rodeaba la infancia de Jesús.

Para quienes aprecian la investigación histórica, esta interpretación une la curiosidad con la confianza bíblica. La doctrina evangélica a menudo enseña que el canon de las Escrituras proporciona todo lo que los creyentes necesitan para la fe y la vida, reconociendo que no todos los detalles históricos se conservan en el registro bíblico. Los Evangelios reflejan una selección cuidadosa, mostrando que la inspiración guía no solo qué incluir, sino también qué omitir. Esto ayuda a los lectores a confiar en la suficiencia de las Escrituras, en lugar de sentirse carentes de lagunas en el registro.

Enfatizando la Singularidad de Jesús a Través del Silencio

Una interpretación final ve el silencio evangélico como una forma de subrayar la naturaleza única del propio Jesús. La ausencia de relatos juveniles elaborados le distingue de los temas biográficos ordinarios y de héroes legendarios cuyas primeras hazañas llenan páginas de literatura antigua. En el caso de Jesús, el misterio impulsa a los lectores a involucrarse no solo con los datos, sino a acercarse a Él con reverencia y apertura espiritual.

Este enfoque coincide **con la Cristología evangélica**, que subraya el papel único de Jesús como Hijo de Dios. Los textos evangélicos invitan a los lectores a encontrarse con Él no solo como una figura histórica, sino como el Redentor vivo y divino. - (*Lucas 2 - el ilustrador bíblico - Comentarios bíblicos - StudyLight.org*, 2025). El impacto de esta interpretación radica en fomentar la fe: encontrar plenamente a Jesús a través del testimonio del Espíritu y el testimonio bíblico, en lugar de buscar una explicación exhaustiva.

Estas cuatro interpretaciones revelan la riqueza y el diseño reflexivo de las narrativas evangélicas. Guían a los creyentes para que vean cómo incluso el silencio narrativo moldea su comprensión de la preparación y el carácter de Cristo. Cada enfoque invita a una reflexión más profunda sobre lo que **Lucas 2:52** decide declarar y, igual de importante, sobre lo que deja sagradamente sin decir.

Explicaciones para el Silencio del Evangelio y su Impacto Teológico (distintas razones de posible interpretación y orientación sobre; el apoyo textual y las perspectivas)

El silencio narrativo suele provocar tantas preguntas como afirmaciones explícitas. La breve mención de la juventud de Jesús en Lucas 2:52 se encuentra entre los vacíos más discutidos en los Evangelios. ¿Por qué los evangelistas condensaron casi dos décadas de la vida de Jesús en una sola frase? El silencio es impactante. Cuatro enfoques interpretativos principales ayudan a explicar esto, cada uno ofreciendo una perspectiva única sobre lo que significa la brevedad para los lectores, tanto teológica como pastoralmente.

POSIBILIDAD DE INTERPRETACIÓN 1:

Enfoque Teológico en el Ministerio Público

La primera interpretación ve **el silencio de los Evangelios** como una decisión teológica intencionada. En lugar de ofrecer una biografía de la vida completa de Jesús, los evangelistas optaron por enfatizar la historia de la salvación. Su objetivo no era simplemente proporcionar datos interesantes, sino destacar la obra redentora que comenzó con el **ministerio público de Jesús**. Los Evangelios frecuentemente marcan un cambio desde los años ocultos de Jesús hasta el momento *en que "Jesús comenzó su ministerio"* (**Lucas 3:23**). Los relatos se centran en eventos que tuvieron peso redentor —enseñanzas, milagros, la cruz y la resurrección— mientras agrupan los primeros años como preparatorios. **Lucas 2:52** sirve como un puente vital. Reconoce que *"Jesús creció en sabiduría, estatura y favor con Dios y con su gente",* trazando una línea de preparación que conduce hacia la misión. - (*Lucas 2:52 - Comentario bíblico versículo por versículo - StudyLight.org*, 2025). Los comentaristas evangélicos suelen enfatizar que el corazón de la historia no son los años privados y ocultos, sino lo que hizo Jesús para lograr la salvación. Donald C. Fleming señala que los escritores del Evangelio destacan "la necesidad de que él conozca y haga la voluntad de su Padre", y el ministerio público revela con mayor claridad el propósito del Padre. - (Fleming, 2005). Teológicamente, esta interpretación subraya que la historia de la salvación ocupa el centro del escenario. Los detalles que no se informan refuerzan lo que más importa: la obra salvadora que Cristo vino a hacer.

POSIBILIDAD DE INTERPRETACIÓN 2:

Respeto por la Privacidad y Humildad

Un segundo enfoque interpreta el silencio como respeto por la humildad de Jesús y la **privacidad de aquellos años formativos**. La narrativa discreta sobre la vida de Jesús antes de los treinta habla de su disposición a participar en los ritmos ordinarios de la existencia humana. Jesús experimentó el crecimiento, el aprendizaje y la espera comunes a todo ser humano, pero lo hizo sin buscar reconocimiento ni aclamamiento durante esos años. Los escritores evangélicos señalan que la ocultación de Jesús ante de el tiempo del ministerio público expresa verdadera humildad, haciendo eco del tema general del Evangelio de que *"el Hijo del Hombre no vino para ser servido, sino para servir"* - (**Marcos 10:45**). Al dejar la mayor parte de su juventud sin celebrar y "fuera del radar", Jesús muestra paciencia y alineación con el momento de Dios. Este enfoque mantiene el foco alejado de la curiosidad biográfica y lo dirige hacia la profundidad de la identificación de Jesús con la gente común. Adam Clarke observa que las pruebas y las temporadas desconocidas están "alegremente apoyadas... porque en todos ellos tenían a Jesús con ellos; pero ahora están en angustia y miseria porque él está atrasado en Jerusalén". - (Clarke, 1832). Esta interpretación anima a los lectores a valorar lo oculto y lo ordinario, reconociendo que incluso las estaciones poco glamorosas pueden estar llenas de significado.

POSIBILIDAD DE INTERPRETACIÓN 3:

Tradiciones Perdidas o no Registradas

Otra explicación se basa en los límites de la memoria y la tradición. Algunos estudiosos proponen que tradiciones orales sobre la vida temprana de Jesús pudieron haber existido dentro de la comunidad, pero nunca se incluyeron en los Evangelios o se perdieron con el tiempo. El resumen solitario de Lucas en 2:52 podría interpretarse como un respetuoso guiño a tradiciones que el evangelista decidió no detallar, ya fuera porque eran externas a sus fuentes o porque no podía verificarlas. Esta perspectiva ayuda a explicar **la cuidadosa afirmación de Lucas** de que *"investigó todo desde el principio"* (**Lucas 1:3**), sugiriendo la posibilidad de seleccionar solo lo que sirve a la fe de la comunidad. Las perspectivas evangélicas sobre la formación del Evangelio a menudo recuerdan a los lectores que los Evangelios no son registros exhaustivos, sino testimonios inspirados de verdades esenciales. - (Green, 2018). Esta interpretación enmarca la brecha como una invitación a la humildad—aceptar el misterio en lugar de la completitud histórica y **confiar en lo que se reveló** como espiritualmente necesario.

POSIBILIDAD DE INTERPRETACIÓN 4:

Enfatizando la singularidad de Jesús a través del silencio

Una última perspectiva interpretativa sostiene que el silencio sobre los primeros años de Jesús en realidad lo marca como único entre las figuras antiguas. Las biografías de la antigüedad suelen ofrecer relatos detallados de la juventud de sus protagonistas, mostrando genialidad temprana o aportando pistas biográficas para explicar la grandeza. En cambio, el silencio de los Evangelios invita a los lectores a conocer a Jesús en términos divinos y no meramente humanos. Su singularidad como Hijo de Dios no está arraigada en una psicología rastreable ni en las hazañas de la juventud, sino en la identidad y la vocación. Este enfoque se basa en la práctica de los evangelistas de presentar la autoridad de Jesús como arraigada en su relación con el Padre, no en la biografía tradicional. Citando comentarios evangélicos, en el Evangelio de Lucas; El niño Jesús, de 12 años, "recordó a sus padres su relación única con su Padre celestial". - (Fleming, 2005). Teológicamente, esto insta a los lectores a interpretar el desarrollo de Jesús desde una perspectiva espiritual, afirmando la singularidad de Cristo y el misterio que envuelve su vida encarnada. - (*Comentarios y sermones de Lucas* | *Precepto Austin*, 2018). La ausencia de una narrativa convencional permite que Jesús destaque como **el Verbo Encarnado** cuyo propósito supera las historias de vida normales.

Estos marcos interpretativos no compiten tanto como ofrecen ventanas complementarias, cada uno llamando a los lectores a adentrarse más en el retrato bíblico de Jesús—el Salvador cuya vida, incluso en silencio, habla con cuidado e intención.

Resumen y Reflexión del Capítulo 8

Ahora que hemos explorado las diversas razones detrás de la breve mención del Evangelio sobre la juventud de Jesús en **Lucas 2:52**, podemos apreciar cómo esta elección narrativa nos invita a centrarnos en **su crecimiento, humildad** y misión única sin distracciones de detalles innecesarios. Comprender el propósito teológico, el respeto por la vida ordinaria de Jesús, las posibles tradiciones perdidas y el énfasis en Su identidad divina nos ayuda a afrontar estos **años de silencio** con reflexión reflexiva en lugar de curiosidad sin respuesta. Esta visión anima tanto a lectores como a líderes de estudio a abrazar el misterio como parte de la fe, profundizando nuestro aprecio por la preparación de Jesús y llamándonos a comprometernos más plenamente con el mensaje transformador de su ministerio público y su labor redentora.

Lista de Referencias del Capítulo 8

Referencia bíblica primaria:

Lucas 2:52 "*Y Jesús crecía en sabiduría, en estatura y en gracia para con Dios y los hombres".* **(Biblia) – Versión Reina Valera; Traducción 1960**

Otras referencias:

Guzik, D. (16 de junio de 2022). *Guía de estudio para Lucas 2*. - BlueLetterBible.org

Lucas 2 - El ilustrador bíblico - Comentarios bíblicos - StudyLight.org. (2025). - StudyLight.org

Comentarios y comentarios de Lucas Sermones | Precepto Austin. (2018). - Preceptaustin.org.

Lucas 2:52 - Comentario bíblico versículo por versículo - StudyLight.org. (2025). - StudyLight.org.

Capítulo 9:

Caso Raro de...

Un *PROFETA Inusual

El Ministerio, La Dieta, El Estilo y Los Ecos De Elías; En *Juan 'El Bautista'

**<u>Mateo 3:1-6</u> – (Biblia) – LBA, - NBL, - VRV…
(y otras versiones).**

Un Hombre con una Vida de Singularidad

Imagina una **figura solitaria** al borde de un desierto, su áspera prenda atrapando la brisa seca, llamando a multitudes que se han alejado mucho de sus hogares y rutinas diarias. Su voz corta la quietud **con un mensaje urgente**, moviendo corazones hacia un cambio no solo en el comportamiento, sino en lo más profundo del alma. La presencia de este hombre es a la vez inquietante y cautivadora—un recordatorio vivo de antiguas promesas y expectativas que un pueblo hambriento de renovación ha tenido durante mucho tiempo. **Su estilo de vida**, sencillo pero llamativo, lo distingue de los líderes y gobernantes religiosos de su época, diferenciándole de una manera que invita a reflexionar sobre lo que realmente significa prepararse para algo trascendental. **La imagen de apariencia salvaje de este profeta** nos desafía a reconsiderar historias conocidas e invita a una investigación más profunda sobre su lugar único dentro de una narrativa más amplia en desarrollo.

El Ministerio y la Personalidad Profética de Juan (Mateo 3:1–6)

Juan el Bautista surge en **Mateo 3:1–6** como una figura cuyo mensaje y estilo reflejan algunas de las tradiciones más profundas de la profecía hebrea. Su proclamación central—*«**Arrepentíos**, porque **El Reino** de los cielos **se ha acercado**»*— golpeó en el corazón del anhelo de Israel por la liberación y la renovación. **El arrepentimiento**, según la enseñanza de Juan, exigía más que dolor por faltas pasadas o actos religiosos externos. **Requería una transformación interior**, un cambio completo de voluntad y dirección. Era **una llamada urgente para preparar la llegada de Dios y una nueva obra**. El mensaje de Juan llamaba a individuos y comunidades a alejarse de los patrones de pecado y complacencia que se habían acumulado durante siglos sin un liderazgo profético. Como la profecía había quedado en **silencio** desde Malaquías, el ministerio de Juan llegó como la primera verdadera voz profética en **más de cuatrocientos años**, despertando la expectativa y señalando la cercanía de la promesa mesiánica. - (*Mateo 01.03*, 2025; *Mateo 3:1 - Comentario bíblico versículo por versículo - StudyLight.org*, 2025). Para los oyentes Judíos, muchos de los cuales anhelaban un nuevo encuentro con Dios en medio del dominio romano y la estancación religiosa, **el llamado de Juan Bautista evocó la sensación de un punto de inflexión largamente esperado**.

El contexto físico del **ministerio de Juan** solo aumentó su peso espiritual. No predicaba en las bulliciosas calles de Jerusalén ni en los patios del templo, sino **en el desierto** de Judea. **Esta naturaleza salvaje**, una franja de paisaje situada al oeste del Mar Muerto, llevaba un rico simbolismo bíblico. Recordaba las andanzas de Israel antes de entrar en la tierra prometida y los lugares solitarios **que profetas como Elías y Moisés frecuentaban** cuando buscaban encuentro con Dios. La naturaleza salvaje, con su extensión abierta y la falta de comodidad humana, ofrecía un espacio para un poderoso encuentro espiritual y renovación. La elección de Juan de predicar allí sirvió para separar su mensaje del establecimiento religioso: su voz se escuchaba lejos de los centros de influencia institucional, lejos de los rituales y regulaciones que muchos habían llegado a asociar con la santidad. - (*Matthew 01.03*, 2025; *Mateo 3:1 - Comentario bíblico versículo por versículo - StudyLight.org*, 2025). En este contexto, las personas que acudieron a Juan fueron guiadas, tanto literal como espiritualmente, a un lugar de vulnerabilidad, reflexión y apertura a la transformación divina.

La apariencia exterior de Juan y sus prácticas diarias reforzaron su identidad profética. Mateo lo describe vestido con una prenda de pelo de camello y un cinturón de cuero alrededor de la cintura, sobreviviendo a base de langostas y miel silvestre. **Esta descripción** refleja la de Elías en **2 Reyes 1:8**, donde se le llama *"un hombre con una prenda (vestimenta) de cabello y un cinturón de cuero alrededor de la cintura"*. La conexión era inconfundible para los oyentes de Juan. Tal vestimenta y dieta marcaban a Juan como un hombre apartado, desinteresado en las comodidades o las modas de su época. Su ropa tosca y la comida sencilla hablaban de abnegación, una vida sobria y centrada, y un desprecio por el exceso y el lujo que se encuentran en las élites religiosas y sociales. Este estilo de vida no era mera excentricidad: al rechazar los placeres y el estatus mundanos, Juan modelaba la seriedad de su mensaje y encarnaba la transformación que exigía a los demás. - (*Matthew 03.01*, 2025). Su ejemplo sugería que quienes preparan el camino para el reino de Dios deben mantenerse libres de las distracciones y corrupciones de la sociedad. Para los espectadores, esta presentación ofrecía tanto un desafío como una invitación, ya que contrastaba fuertemente con las ornamentadas túnicas de los sacerdotes del templo y la abundancia de vida en Jerusalén.

Detrás **del ministerio de Juan** había una expectativa mucho más antigua: el regreso de **Elías** antes de la llegada del Mesías. **Malaquías 4:5** profetizó que Elías vendría como precursor, y por la vestimenta, las acciones y el mensaje de Juan, se parecía mucho a ese antiguo profeta. Jesús incluso identifica a Juan como ***"el Elías que iba a venir"*** en **Mateo 11:14**, confirmando el vínculo que muchos habrían visto instintivamente. Esta conexión hizo más que situar a Juan en la tradición profética: marcó el momento como un puente entre las viejas promesas y la nueva realidad de la llegada del Mesías. **El ministerio de Juan el Bautista** abrió un nuevo capítulo en la historia de la salvación, invitando a Israel a despertar del sueño espiritual y esperar algo completamente nuevo. - (*Mateo 03.01*, 2025; *Mateo 3:1 - Comentario bíblico versículo por versículo - StudyLight.org*, 2025). Juan fue más que un profeta que solo advirtió sobre el juicio o clamó por reformas; tenía una tarea singular: preparar a la gente para la mera presencia de Dios entre ellos.

La personalidad profética de Juan se inspira profundamente en la memoria de Israel, pero también remodela la expectativa sobre lo que podría ser un mensajero de Dios. Su vida y su mensaje desafían suposiciones religiosas sencillas y exigen una respuesta. La forma en que se ha entendido su identidad y legado sigue generando debate y asombro entre lectores y comunidades que buscan comprender plenamente su papel en el desarrollo de la historia del Mesías.

Interpretaciones del Papel e Influencia de Juan Bautista en el Ministerio Temprano de Jesús

POSIBILIDAD DE INTERPRETACIÓN 1:

Juan Como el Precursor Preparando el Camino

Muchos cristianos ven a Juan el Bautista como el precursor que preparó al pueblo para la llegada de Jesús. Todo el ministerio de Juan giraba en torno a *"preparar el camino del Señor"* (**Isaías 40:3**). Asumió este llamado predicando arrepentimiento y bautizando a todos los que estuvieran dispuestos a responder, instándolos a cambiar sus vidas y anticipar la aparición del Mesías. **Al llamar a las personas a confesar sus pecados** y someterse a un bautismo de arrepentimiento en el río Jordán, Juan ofreció una señal de que la purificación era necesaria antes de entrar en el renovado pacto de Dios (**Mat 3:2–6**). El entorno salvaje, donde sonó su mensaje por primera vez, simbolizaba nuevos comienzos, muy parecido a la época formativa de Israel tras el éxodo. En lugar de esconderse de la sociedad, John fue allí para inaugurar una transformación espiritual, atrayendo multitudes que llegaban curiosas o desesperadas por esperanza. Sus bautismos no crearon ningún ritual nuevo, sino que se basaron en prácticas establecidas de lavado para la purificación - (Lev 11). En un mundo donde muchos se sentían espiritualmente estancados, el ministerio de Juan despejó un camino espiritual, poniendo el corazón de las personas a esperar y reconocer a Jesús, una base sobre la que Cristo pronto construiría con un mensaje de perdón y una nueva relación de pacto. - (Burnett, 2015; *Juan el Bautista - Resultados de búsqueda proporcionados por BiblicalTraining*, 2025).

POSIBILIDAD DE INTERPRETACIÓN 2:

Juan Como Figura Simbólica de Elías

Analizando más a fondo, otra forma de entender el papel de Juan se basa en su clara identificación con Elías, uno de los profetas más icónicos de Israel. La gente que vivía en la época de Juan ya esperaba el regreso de Elías como señal de la próxima restauración y juicio (**Malaquías 3:1, 4:5**). **Juan** vestía, vivía y hablaba como **Elías**, con ropa de pelo de camello y un estilo de vida salvaje en el desierto, haciendo eco de las experiencias del profeta del Antiguo Testamento huyendo al desierto (**1 Reyes 19:4**). Esta aparición pública me recordó antiguas profecías, dando esperanza de que Dios reviviría la verdadera fe en tal generación. Sin embargo, también elevó la tensión, ya que el ministerio de Elías implicaba enfrentarse a la falsa religión y advertir sobre el juicio de Dios. El mensaje de arrepentimiento de Juan para todos, incluidos los fariseos y líderes políticos, fue un llamado urgente a una auténtica lealtad al pacto, no solo al privilegio heredado (**Lucas 3:7–9**). Cuando Jesús describió a **Juan** como un profeta y **más que un profeta** (**Mateo 11:9–15**), afirmó a Juan como un cumplimiento de las palabras de Malaquías sobre un mensajero que prepararía el camino delante del Señor. Esto pone de manifiesto cómo el ministerio de Juan restauró la autoridad audaz, desafiante y redentora de los profetas antes del silencio entre los testamentos, uniendo lo antiguo y lo nuevo mediante el impulso de volver a la adoración plena de Dios. -(*Juan Bautista - Resultados de búsqueda proporcionados por; Formación Bíblica*, 2025; Burnett, 2015).

POSIBILIDAD DE INTERPRETACIÓN 3:

Juan Como Profeta Escatológico

Una tercera interpretación presenta a Juan como un **profeta escatológico**, es decir, anunció la llegada del acto decisivo y transformador de Dios. Muchos reconocieron el mensaje de Juan como apocalíptico, lleno de urgencia y expectación. Advirtió que **el Mesías reuniría a los fructíferos en el reino** y arrojaría a los impenitentes como paja al fuego. **El bautismo que ofreció Juan**; no solo se trataba de borrar los errores pasados, sino de marcar la preparación para el momento en que todo cambiaría. Este enfoque apunta a la comprensión del tiempo que tenía Juan: **el antiguo orden estaba terminando**, y Dios estaba a punto de intervenir poderosamente a través de su elegido (**Mateo 3:10-12**). La proclamación de Juan se inspiraba en la tradición de los profetas del Antiguo Testamento, pero presionó al pueblo para que respondiera sin demora: *"porque el reino de los cielos está cerca."* Interpretar a Juan como una **figura escatológica** ayuda a explicar su tono feroz, su llamado inflexible a una nueva obediencia y la sensación de que, con Jesús detrás de él, la historia misma estaba cambiando. - (Burnett, 2015). Su mensaje radical encajaba en el anhelo judío más amplio de liberación y renovación, pero sorprendió a muchos al poner énfasis en el arrepentimiento y el fruto espiritual, **no en la liberación política**.

POSIBILIDAD DE INTERPRETACIÓN 4:

La Influencia de Juan el Bautista en el Ministerio Temprano de Jesús

Examinar la **relación entre Juan y Jesús** añade una cuarta perspectiva, destacando la influencia fundamental de Juan en el ministerio temprano de Jesús. **Cuando Jesús eligió ser bautizado por Juan**, indicó un reconocimiento público del estatus profético de Juan y su sumisión al plan que se desplegaba Dios. **Este momento marcó tanto** el paso de la antorcha como una declaración de continuidad entre sus misiones. El ministerio de Juan, lo suficientemente audaz como para reprender incluso a la realeza, preparó el terreno para los enfrentamientos de Jesús con las autoridades espirituales y políticas (**Lucas 3:19–20**). Mientras Juan venía a preparar un pueblo listo para el Mesías, Jesús llegó para cumplir lo que la predicación de Juan apuntaba: una nueva era marcada no solo por el perdón de los pecados, sino por la morada del Espíritu de Dios. La conexión entre sus ministerios revela puntos de profunda similitud en los llamados al arrepentimiento, pero también divergencia en la plenitud de la salvación que Jesús trajo —una diferencia que el propio Jesús explicó cuando dijo: *«entre los nacidos de mujeres* ***no hay nadie mayor que Juan****; pero el que es menor en el reino de Dios es mayor que él". -* (**Lucas 7:28**; *Juan el Bautista - Resultados de búsqueda proporcionados por BiblicalTraining*, 2025; Burnett, 2015). Cada marco interpretativo añade una pieza a una imagen más completa del papel de Juan en la historia de la salvación, trazando cómo su testimonio moldeó los mismos cimientos de la fe cristiana.

Resumen y Reflexión del Capítulo 9

Comprender **el papel único de Juan el Bautista** como precursor profético **que** llama al verdadero arrepentimiento y **prepara el camino para Jesús** nos invita a reflexionar más profundamente sobre nuestra propia disposición para la transformación. Su **ministerio en el desierto**, **su estilo de vida** austero y su poderoso mensaje nos desafían a ir más allá de la fe superficial y abrazar un cambio interior que se alinee con el reino de Dios. Ahora que hemos explorado las capas de la identidad de Juan—como el regreso de Elías, **un heraldo escatológico** y una figura clave que moldeó la misión temprana de Jesús—podemos abordar su historia no solo como historia, sino como un llamado vivo, para vivirlo con urgencia y en apertura de corazón a la obra de Dios en el mundo. Esta comprensión capacita a jóvenes creyentes, educadores y buscadores para involucrarse de manera significativa con el mensaje del Evangelio e inspirar conversaciones reflexivas sobre cómo nosotros también podríamos preparar el camino para una fe renovada hoy.

Lista de Referencias Para el Capítulo 9

Principalmente Referencia Bíblica:

Mateo 3:1-6: Caso raro de un '**profeta**'/'**mensajero**' **como Juan el Bautista**; – **(Biblia) – LBA, NBL, VRV… (y otras versiones).**

Otras referencias:

Burnett, D. C. (19 de febrero de 2015). *Profeta Escatológico de la Restauración: Retrato Teológico de Juan el Bautista por Lucas en Lucas 3:1-6.* - academia.edu.

Juan el Bautista - Resultados de búsqueda proporcionados por BiblicalTraining. (2025). - biblicaltraining.org.

Matthew 03.01. (2025). @Logos. – logos.com

Mateo 3:1 - Comentario bíblico versículo por versículo - StudyLight.org. (2025). - studylight.org.

Capítulo 10:

Caso Raro de...

JESÚS Siendo BAUTIZADO

Por qué Jesús Se Sometió al Bautismo Para Pecadores

Mateo 3:13-15 Version; (Biblia) – Reina Valera, NVI, NBL, y otras Traducciones…

¿Ritual, Identificación o Ejemplo?

¿Por qué Jesús, que no tenía pecado, elegiría someterse a un bautismo destinado a (pecadores) quienes buscan el arrepentimiento? ¿Qué significa para el Hijo de Dios adentrarse en las aguas junto a personas comunes preparándose para una nueva vida? ¿Podría este acto ser un simple ritual, o es algo más profundo—una declaración sobre **identidad**, **misión** y **obediencia**? Estas preguntas nos invitan a analizar detenidamente un momento que desconcierta a muchos lectores pero que guarda un significado profundo bajo la superficie. Explorar por qué Jesús se sometió al bautismo nos desafía a replantearnos las suposiciones y considerar cómo este evento singular se conecta con la historia más amplia de la fe y de seguir el llamado de Dios. A través de la reflexión sobre esta escena, entramos en una conversación que ha involucrado a los creyentes a lo largo de siglos, revelando capas de propósito que siguen hablando hoy en día.

Análisis Narrativo: La Vacilación de Juan (de Bautizar a Jesús), la razón de Jesús, la Identificación Pública y la Teofanía (Informativo)

En el momento en que Jesús llegó a las aguas del Jordán y se sometió al bautismo de Juan, desató un amplio debate entre cristianos, pastores y teólogos. ¿Por qué el Hijo de Dios sin pecado aceptaría un ritual asociado al arrepentimiento? Tres grandes modelos teológicos —limpieza ritual o iniciación ministerial, identificación con la humanidad y demostración como **ejemplo** para los creyentes— abren puertas a una comprensión más profunda de esta escena críptica en Mateo.

El bautismo de Jesús a veces se entiende como un acto ritual de dedicación: una investidura que marca su entrada pública al servicio de Dios. **En la tradición del Antiguo Testamento**, los profetas y sacerdotes a menudo realizaban ritos de purificación o consagración antes de comenzar una misión divina. Isaías describió su propio llamado en el templo como un acto de purificación: *"Tu culpa se quita y tu pecado se expia"* (**Isaías 6:7**). Los sacerdotes eran lavados y ungidos antes de ministrar en el altar (**Levítico 8**). En este sentido, el **bautismo de Jesús no trata de arrepentirse del pecado**, sino **de señalar una dedicación formal y la transición** hacia el ministerio mesiánico. El Nuevo Testamento a menudo vincula el bautismo con el inicio de una nueva vida o llamado. ***"Debemos cumplir todo lo que Dios requiera"***, dice Jesús en **Mateo 3:15.** - (Lainey, 2024), capturando la necesidad de Su obediencia—no para su propio arrepentimiento, sino para inaugurar el plan de Dios de una manera nueva. Al mismo tiempo, el descenso del Espíritu le marca y la voz del cielo establece Su identidad como el Hijo Amado. - (*Comentario sobre Mateo 3:13-17*, 2011). La naturaleza pública del bautismo de Jesús recuerda a tiempos en los que los líderes eran llamados y apartados ante toda la comunidad.

Una segunda explicación, igualmente convincente, se desarrolla mientras Jesús está en la fila con la gente común que espera el bautismo de Juan. Aquí, el énfasis pasa de la limpieza ritual a la identificación con lo roto y la carga. **Jesús**, que no tenía pecado propio, eligió estar hombro con hombro con quienes anhelaban el perdón. Su disposición a ser contado entre los pecadores presagia el corazón mismo de su misión terrenal: estar en solidaridad con los perdidos, los marginados y los culpables. El acto de unirse a los pecadores en el Jordán fue un adelanto de su posterior disposición a tocar a los leprosos, cenar con recaudadores de impuestos y defender a la mujer sorprendida en adulterio. **Al someterse al bautismo**, Jesús muestra una humildad y empatía que se convertirían en la seña de identidad de Su ministerio. Su identificación aquí es personal y costosa: "llevó el peso de nuestros pecados sobre sus hombros" en el bautismo, tal como lo haría en la cruz. - (Lainey, 2024). Pablo escribe más tarde: *«Dios hizo pecado para nosotros al que no tenía pecado»* (**2 Corintios 5:21**), un versículo que se inspira directamente en este sentido de profunda identificación. En lugar de mantenerse apartados, Jesús se sumerge en la corriente de la ruptura humana, afirmando la dignidad de los humildes y el amor por los rechazados.

El tercer enfoque se centra en **Jesús como el pionero** que muestra el camino de la obediencia a quienes quieren seguirlo. Al someterse al bautismo, Jesús establece un patrón para el discipulado, dejando claro que el bautismo no es opcional ni arbitrario, sino un acto central de lealtad para cualquiera que afirme **caminar con Dios**. Sus palabras a Juan—«es apropiado que así cumplamos toda justicia» (**Mateo 3:15**)—se convirtieron en un modelo para generaciones de creyentes. Los primeros cristianos veían el bautismo como una iniciación en la nueva comunidad, un morir y resucitar con Cristo marcado por el agua (**Romanos 6:4**). La práctica de Jesús otorga legitimidad y significado a este rito. **No es solo simbólico**, sino un acto que entrelaza a cada seguidor en su propia historia de obediencia, muerte y resurrección. A través del bautismo, los cristianos declaran públicamente su identidad y se comprometen a caminar según el patrón que Él estableció.

Muchos estudiosos y pastores reconocen que las tres interpretaciones funcionan juntas como notas armónicas en un acorde. La riqueza del texto evangélico apoya un enfoque que se niega a aplanar el bautismo de Jesús en una sola explicación. En cambio, el evento cumple varias funciones a la vez: encargar a Jesús el servicio, expresar su solidaridad con la humanidad y dar ejemplo a sus discípulos. Esta combinación apoya la narrativa bíblica, con sus capas de significado y momentos de resonancia en diferentes partes de las Escrituras. - (*Comentario sobre Mateo 3:13-17*, 2011). Cuando estas interpretaciones se entrelazan, ofrecen **un retrato del** bautismo de Jesús que es a la vez **misterioso y hermoso**.

Cada uno de **estos** significados puede moldear la comprensión que tiene un cristiano de su propio bautismo: un momento de limpieza, solidaridad y compromiso. De pie en el río, abrazado por la voz de Dios Padre que le declara Hijo amado, y el fenómeno visual del Espíritu Santo ascendiendo sobre Él como una paloma, Jesús emerge apartado y afirmado por Dios. El misterio y la claridad que se encuentran en Su bautismo siguen invitando a los creyentes a una fe viva, formada por agua, Espíritu y obediencia radical. - (Lainey, 2024; *Comentario sobre Mateo 3:13-17*, 2011). La historia le deja al borde de un nuevo camino, preparado para la prueba, la enseñanza y el sacrificio que definen su misión mesiánica.

Evaluación Interpretativa: Ritual, Solidaridad, Ejemplo y una Comprensión Multifacética (Informativa)

POSIBILIDAD DE INTERPRETACIÓN 1

Limpieza Ritual e Iniciación al Ministerio

Jesús de pie en las aguas del Jordán a menudo se ha entendido como un momento de transición ritual. Muchos pensadores evangélicos señalan el bautismo como la inauguración pública de su ministerio terrenal. Desde esta perspectiva, **el acto no trataba de que Jesús se arrepintiera de su pecado**; llevaba el significado de dedicación y consagración, muy parecido a las ceremonias que inauguraban a profetas o sacerdotes en el antiguo Israel. Los patrones del Antiguo Testamento destacan cómo los sacerdotes eran lavados, ungidos y comisionados para la obra de Dios (véase **Éxodo 29; Levítico 8**). Al entrar en el agua, **Jesús no reconocía la culpa**, sino que cruzaba la frontera sagrada de la vida privada hacia su llamado como Mesías.

El papel de Juan como precursor reflejaba la tradición del Antiguo Testamento, **preparando el camino** llamando a la gente al arrepentimiento y a la preparación **para el reino venidero**. Jesús, al intervenir en el bautismo de Juan, identificó públicamente su misión y abrazó esta comisión divina. Tomás de Aquino expone este tema, declarando que "era necesario que Cristo fuera bautizado por Juan, para que pudiera **santificar el bautismo**" y así su bautismo hizo que el rito (o ritual sagrado más tarde) fuera sagrado para quienes siguieran. - (Nyarko, 2024). En consonancia con esto, el acto del bautismo marcaba un umbral sagrado; aquí la voz del Padre anunció la identidad de Cristo y descendió el Espíritu Santo, ungiéndole para la obra pública (**Lucas 3:21–22).** Los primeros escritores cristianos vieron esto como la alineación de Jesús con las grandes figuras de la historia de Israel: profetas, sacerdotes y reyes que comenzaron su servicio con actos rituales de dedicación. - (*Bautismo - Resultados de búsqueda proporcionados por BiblicalTraining*, 2025). El bautismo, en esta lectura, fue el comienzo de la obra abierta y mesiánica de Cristo, un evento que aportó afirmación y autoridad divina a su misión.

POSIBILIDAD DE INTERPRETACIÓN 2:

Identificación con la humanidad y las personas pecadoras

Otros intérpretes miran más allá del ritual, centrándose en cambio en la elección de Jesús de estar junto a los caídos. **El Nuevo Testamento insiste en que Jesús no tenía pecado**, pero se somete a un bautismo destinado al arrepentimiento. **Este enigma** ha llevado a muchos estudiosos evangélicos a ver en el acto de Jesús un poderoso gesto de solidaridad con la humanidad. Justino Mártir explicó que Jesús "no fue al río porque necesitara el bautismo, ... sino por la raza humana, que de Adán había caído bajo el poder de la muerte y la astucia de la serpiente". - (Nyarko, 2024).

Al someterse al bautismo, Jesús tomó su lugar entre aquellos que vino a salvar. Él se posiciona en la larga fila con recaudadores de impuestos, soldados y gente común—permitiéndose ser contado entre pecadores, afirmando tanto su necesidad de arrepentimiento como su misión de rescate. Young (1995) enfatiza este tema, señalando: "En su identidad con la totalidad de la necesidad humana, se sometió al bautismo para afirmar el proceso de redención que estaba en acción como resultado de la carrera profética de Juan". - (Nyarko, 2024). **Este acto de humildad radical** muestra no solo la compasión de Dios, sino también el presagio de la cruz. Como observa Green (1988), el bautismo de Jesús apuntaba hacia su muerte: **"La cruz de Jesús se convirtió en su bautismo**, haciendo posible la justificación de los impíos al tratar los pecados del mundo". - (Nyarko, 2024). En esta lectura, el descenso acuático era una señal de las profundidades a las que Jesús llegaría: hacia la ruptura humana, hacia la vida de resurrección.

POSIBILIDAD DE INTERPRETACIÓN 3:

Demostración Como Ejemplo Para Los Seguidores

Un tercer enfoque entiende el **bautismo de Jesús como un acto deliberado de ejemplo**. Al entrar en las aguas, Jesús muestra a sus seguidores cómo obedecer a Dios y comprometerse con la vida del reino. Muchos evangélicos ven este acto como un modelo para todos los creyentes: una demostración visible de humildad que autentifica la práctica del bautismo en la iglesia.

Tomás de Aquino escribió que **el bautismo de Cristo fue "necesario**... para que Él santifique el bautismo". - (Nyarko, 2024), vinculando este acto a todos los futuros creyentes. Wilkins (2004) comenta que Jesús "estableció un vínculo público y continuidad entre el mensaje de Juan y Su ministerio y... respaldó el rito del bautismo entre cristianos de todas las generaciones" - (Nyarko, 2024). Al someterse a un rito que no necesitaba, **Jesús dijo a sus discípulos**: "Seguidme, no solo en palabras sino en hechos." Este tema aparece a lo largo del Nuevo Testamento, donde se dice a los seguidores de Cristo que imiten su humildad y obediencia (**Filipenses 2; & 1 Pedro 2:21**). La ley demuestra una base para la práctica cristiana: una de entrega, arrepentimiento y un nuevo comienzo.

Combinando Estos Significados Interpretativos

La enseñanza evangélica rara vez se detiene en una sola explicación. Muchos escritores animan a los lectores a ver estas interpretaciones como complementarias en lugar de competidoras. El bautismo de Jesús actúa como **iniciación**, **identificación**, **unción** **y** **ejemplo**, todo presente en un solo evento. Cuando el Nuevo Testamento reflexiona sobre el bautismo, saca capas de significado: la entrada al ritual, la participación en la muerte y resurrección de Cristo, y el llamado al discipulado. - (Romanos 6:3–4; Colosenses 2:12, citado en *Bautismo - Resultados de búsqueda proporcionados por BiblicalTraining*, 2025). Mantener unidas estas ideas permite que la riqueza del evento moldee la vida cristiana actual: un comienzo, una profunda solidaridad, un llamado a seguir y una señal del amor de Dios que avanza hacia el mundo. - (Nyarko, 2024; *Bautismo - Resultados de búsqueda proporcionados por BiblicalTraining*, 2025).

Resumen y Reflexión del Capítulo 10

Ahora que entendemos el significado rico y complejo detrás del **bautismo de Jesús**—su dedicación a la misión de Dios, su profunda identificación con la humanidad y su ejemplo de obediencia humilde—podemos ver cómo este evento nos invita a una experiencia de fe más plena. **Nos desafía** a asumir nuestros propios llamados con compromiso, a estar junto a otros en sus luchas con compasión y a seguir el camino de obediencia de Jesús con confianza. Reconocer el bautismo de Jesús tanto como un comienzo, como al igual que una promesa; empodera a los creyentes para abrazar este acto y obediencia al bautismo no solo como un ritual, sino como una expresión viva de identidad y misión, preparándonos para recibir la guía del Espíritu mientras avanzamos en nuestras propias historias o narrativas de fe.

Lista de Referencias del Capítulo 10:

Referencia bíblica primaria:

Mateo 3; 13-15 El caso raro de (¿por qué?) Jesucristo debería ser bautizado (como requisito en la mente de Jesús), y porque Juan el Bautista experimento conflicto para aceptarlo.
Version; (Biblia) – Reina Valera, NVI, NBL, y otras Traducciones…

Otras referencias:

Bautismo - Resultados de búsqueda proporcionados por BiblicalTraining. (2025). - biblicaltraining.org
Comentario sobre Mateo 3:13-17. (9 de enero de 2011). Predicador en activo del Seminario Luther. – workingpreacher.org

Lainey. (3 de marzo de 2024). *Entendiendo Mateo 3:13-15: Por qué Jesús eligió el bautismo*. - lemon8-app.com

Nyarko, E. (6 de julio de 2024). *Comprendiendo el sacramento cristiano del bautismo: perspectivas de algunas personalidades del Nuevo Testamento*. European Journal of Theology and Philosophy. - doi.org

PARTE 4:

CASOS RAROS DE...

NUEVO MINISTERIO

Capítulo 11:

Caso Raro de...

Tentación de Jesús en 'PARADOJA'

Jesús Tentado por Satanás, Pero Guiado Por El Espíritu Para Ser Tentado

<u>Mateo 4:1</u> ... "***Jesús fue llevado (Guiado) por el Espíritu (Santo)*** *al desierto* ***para ser tentado (puesto a prueba) por el diablo.*** (Biblia) – Nueva Versión Latinoamericana. Tambien; - NVI. – VRV 1960. Y otras versiones…

Propósito y Paradoja del Viaje al Momento de Tentación

"¿Por qué el Espíritu guiaría a Jesús al desierto, un lugar conocido por el vacío y el peligro, donde la tentación espera en cada paso?" Esta pregunta puede venir a la mente al leer sobre el viaje de Jesús al desierto. Resulta desconcertante, **casi contradictorio**—¿cómo puede el mismo Espíritu que guía y protege también llevar a alguien a una prueba tan dura? Imagina alejarse de todo lo familiar, adentrarse en un lugar solitario y desafiante, no por accidente sino en **obediencia deliberada**. **El desierto es más que un lugar físico**; lleva el peso de la historia de Israel llena de lucha, pruebas y momentos tanto de fidelidad como de fracaso.

Muchos se preguntan por qué parecen llegar tiempos difíciles en su camino, especialmente cuando buscan seguir a Dios de cerca. ¿Es la dificultad un signo de ausencia o castigo de Dios? ¿O podría ser algo más profundo—una experiencia destinada a revelar lo que hay bajo la superficie de la fe y el carácter? Esta tensión entre el cuidado divino y la lucha humana está en el corazón del tiempo de Jesús en el desierto. **Nos llama a luchar con la realidad** de que a veces la guía del Espíritu implica atravesar desafíos, no rodearlos.

Para quienes quieren comprender mejor este momento —ya sea como ánimo personal o como material para enseñar— plantea preguntas importantes: **¿Qué dice esta paradoja sobre la naturaleza de Dios**? ¿Cómo moldea la preparación para el trabajo que viene enfrentarse a la tentación? ¿Y qué podría enseñar esta historia sobre la fuerza espiritual que proviene de la dependencia de las Escrituras y la confianza en lugar de la autosuficiencia? No son preguntas fáciles, pero abren la puerta a nuevas formas de ver cómo actúa la presencia de Dios incluso en medio de las dificultades.

Estas **reflexiones** invitan a los lectores a reflexionar sobre sus propias experiencias con la lucha y la orientación. Cuando la vida conduce a lugares difíciles, ¿podría haber un propósito oculto más allá de la incomodidad inmediata? Esta introducción al capítulo prepara el terreno para explorar estas tensiones con cuidado, ayudando a los lectores a abordar uno de los episodios más misteriosos del Evangelio con curiosidad y atención reflexiva.

Contexto, Paradoja, Función Narrativa y Significado Pastoral de la Tentación Guiada por El Espíritu

"Entonces Jesús fue guiado por El Espíritu al desierto para ser tentado por el diablo." Con este único versículo, Mateo nos sumerge en uno de los **momentos más misteriosos del** Evangelio. - (O'Donnell, s.f.; *Matthew*, 2025). Los lectores se quedan con una pregunta: **¿Por qué el Espíritu Santo**, la mera presencia de Dios, guiaría a Jesús hacia un entorno donde la tentación y el enfrentamiento con el mal están garantizados? La naturaleza salvaje aquí no es solo un terreno vacío. Hace eco del largo tramo de arena y silencio que moldeó la historia de

Israel—un lugar marcado por la ausencia, la escasencia, el hambre y la exposición. Lejos del consuelo de la comunidad, Jesús entra en un paisaje que puso a prueba a sus antepasados durante cuarenta años, exponiendo la confianza y la duda, la fidelidad y el fracaso.

La mención de "naturaleza salvaje" evoca más que un recuerdo de las andanzas de Israel; es un entorno denso en significado. Para el antiguo Israel, el desierto era escenario tanto de los grandes actos de Dios como de sus repetidos fracasos. Dios proveía maná y agua, pero la gente se quejaba y ponía a prueba a Dios en lugares como Meribah (Éxodos 17:7). Los israelitas vivían día a día de la provisión de Dios, pero el descontento y la desobediencia seguían surgiendo a la luz. Sus pruebas no se limitaban a aprobar o suspender; revelaban la condición del corazón y su disposición para las promesas de Dios. - (O'Donnell, s.f.). Al dibujar el mismo escenario alrededor de Jesús, Mateo quiere que los lectores vean continuidad—una nueva "prueba" con ecos de una antigua. Jesús camina un camino que Israel recorrió primero, pero mientras Israel tropezó, Jesús enfrenta lo que viene solo y sin escudo.

Cuando Mateo dice que Jesús **fue "guiado por el Espíritu",** se centra en el origen de este momento. No hay indicios de que Jesús haya vagado por allí por accidente o que haya caído en alguna trampa. Este lenguaje directo señala tanto **intención como confianza**. La conducción del Espíritu es deliberada. Esto desafía toda visión sencilla que equipara la guía de Dios con caminos agradables y fáciles. En cambio, la iniciativa divina a veces significa abrazar la dificultad a propósito. La implicación del Espíritu eleva la apuesta: la tentación no es solo un problema aleatorio, ni evidencia de abandono divino. Dios permanece plenamente presente, incluso cuando el camino se convierte en lucha.

Eso plantea la paradoja. Si el Espíritu es quien atrae a Jesús a este lugar solitario y difícil, ¿qué dice eso sobre la naturaleza de la bondad de Dios? ¿Por qué permitir un enfrentamiento con el mal en vez de proteger al Hijo amado? La pregunta presiona con fuerza nuestras suposiciones. Demasiadas veces, los juicios se ven como interrupciones o castigos, pero esta historia se resiste. **La tentación en el desierto no es una trampa ni un abandono**. Es un espacio sagrado donde el propósito va más allá de la comodidad superficial. La guía de Dios no siempre se siente segura o amable; A veces significa exponerse a la verdadera dificultad y a la elección. El propósito aquí no es el daño, sino la formación—un proceso donde la confianza, la fe y la claridad espiritual salen a la superficie justo donde la presión es mayor.

En **el Evangelio de Mateo**, la prueba en el desierto actúa como un punto de inflexión importante. Ocurre después del bautismo de Jesús, cuando la voz del cielo le anuncia como el Hijo amado. Antes de que Jesús predique, sane o llame a discípulos, debe enfrentarse a lo que el desierto descubra. Esto demuestra que **la preparación espiritual no depende de evitar problemas**; crece moviéndose a través de ella. La tentación enfrenta a Jesús no en un momento de debilidad, sino en el apogeo de la afirmación y la comisión. **Al enfrentarse a la prueba del diablo**, Jesús revela una fortaleza que surge de la obediencia, no del consuelo o el aislamiento. Si Jesús hubiera rechazado esta guía, o si el Espíritu hubiera pasado por alto la pared difícil, el ministerio hacia otros carecería de sustancia. La falta de preparación podría haber significado un mensaje superficial o un ministerio que se desmorona bajo presión.

Durante este encuentro, Jesús se apoya en las Escrituras más que en el poder personal. Cada desafío del diablo se encuentra con una respuesta basada en palabras recordadas y de confianza. El episodio también señala que el poder de Dios no desaparece en la dificultad. En cambio, la presencia del Espíritu significa que Jesús enfrenta la tentación no como víctima, sino como alguien que actúa con aval y fuerza divinos. - (*Matthew*, 2025; O'Donnell, s.f.). Este detalle sirve como guía para los lectores. Enfrentarse a juicios a menudo despoja de todos los recursos excepto las promesas de Dios.

Para cualquiera que se pregunte por el significado de sus propias dificultades, la historia de la naturaleza salvaje tiene esperanza. Las experiencias que parecen abandono o lucha innecesaria pueden convertirse en lugares donde la fe se profundiza y la guía de Dios permanece presente, incluso entre bastidores. La soberanía divina y la lucha humana se mantienen unidas. **Las pruebas no prueban la ausencia de Dios**; a veces señalan dónde Dios está obrando más.

Esta paradoja, donde El Espíritu conduce hacia la lucha en lugar de hacia la distancia, merece una exploración más profunda. La forma en que arroja luz o confusión apunta a propósitos más profundos, que requerirán atención cuidadosa desde varios ángulos diferentes.

Tres Visiones Interpretativas de la Prueba Divina y una Síntesis Teológica

La prueba divina en la vida de Jesús abre amplias preguntas sobre el propósito de Dios al llevar a Su Hijo, a través del Espíritu Santo, directamente al camino de la tentación. En conjunto, ofrecen una comprensión más rica no solo de lo que Jesús enfrentó, sino también de cómo Dios interactúa con Su pueblo en momentos de prueba. - (Koffa & Seminary, 2025) A lo largo de los siglos, los cristianos han extraído significado de este misterio, desarrollando tres marcos interpretativos diferentes.

POSIBILIDAD DE INTERPRETACIÓN 1:

Purificación y Formación Moral

Una lente interpretativa rica es la visión de la purificación y la formación moral. Este marco ve la elección del Espíritu de guiar a Jesús al desierto como un proceso de prueba moral, donde el carácter santo se revela y confirma. No se trata de que Jesús pase de la imperfección a una mayor pureza; más bien, se trata de que su verdadera obediencia sin manchas sea puesta a prueba abiertamente. En esta comprensión, el desierto se convierte en un crisol espiritual—como oro pasado por el fuego o un recipiente moldeado en el torno del alfarero—que revela la realidad de la santidad al encontrarse con una oposición genuina. Las Escrituras hebreas están llenas de imágenes de Dios usando la dificultad como lugar donde su pueblo se refina (Salmo 66:10; Malaquías 3:3). Teólogos evangélicos como Dietrich Bonhoeffer y John Stott enfatizan que la santificación no se desarrolla en comodidad, sino bajo presión, con la presencia de la tentación que expone lo que es real en el camino de una persona con Dios. La presencia del Espíritu no es solo consuelo; Su guía hacia lo salvaje afirma la intención divina: demostrar que la santidad puede perdurar en presencia del mal. - (Koffa & Seminary, 2025). Para los creyentes, este marco tranquiliza que las tentaciones en sí mismas no son prueba de fracaso o abandono. Más bien, cuando el Espíritu pone a uno en circunstancias difíciles, los utiliza para revelar la realidad espiritual, profundizar la confianza y forjar el carácter. La entrega continua del creyente, pidiendo diariamente al Espíritu que busque y forme su corazón, refleja este proceso de santificación.

POSIBILIDAD DE INTERPRETACIÓN 2:

Preparación Para el Ministerio Público

Un segundo enfoque interpretativo es la **preparación para el ministerio**. Aquí, la guía del Espíritu hacia Jesús se percibe como una forma de campo de entrenamiento divino. Jesús, antes de cualquier enseñanza pública, sanación o milagro, se enfrenta primero a la prueba en el desierto. Esta preparación sirve como un ensayo privado para las presiones del ministerio público. Abundan los paralelismos bíblicos: los cuarenta años de Moisés como pastor, las luchas de David ante la realeza, los años de Pablo en Arabia, todos enfrentaron tiempos de soledad y prueba que los prepararon para las tareas que les esperaban. El Espíritu no tienta, sino que coloca a Jesús en un lugar donde debe aferrarse a la palabra del Padre, resistir atajos hacia el poder y elegir la fidelidad incluso cuando no se ve (Mateo 4:1–11). Estudiosos bíblicos como N.T. Wright y Craig Keener describen esto como la forma de Dios de formar resiliencia y enfoque. En las pruebas en la naturaleza, las batallas ocultas hoy se convierten en fuerza e integridad para la llamada del mañana. Cuando uno se siente aislado o bajo ataque espiritual, el Espíritu puede estar forjando cualidades necesarias para la misión y el ministerio que aún están por venir (Koffa & Seminary, 2025). Este marco anima a los creyentes a ver las pruebas presentes no solo como batallas morales, sino también como estaciones que Dios utiliza para equipar, refinar dones y aclarar el propósito para el servicio futuro.

POSIBILIDAD DE INTERPRETACIÓN 3:

Conflicto y Victoria Sobre el Mal

Una tercera perspectiva influyente se centra en el **conflicto cósmico**. Aquí, la tentación del desierto sitúa a Jesús en el centro de un drama *cósmico *(de fuerzas en las regiones celestiales o de dimensión espiritual/abstracta), **entre el reino de Dios y las fuerzas que se le oponen**. La presentación del Evangelio no es solo una lucha personal, sino una **guerra espiritual**; Jesús se encuentra en la brecha como el Segundo Adán, enfrentándose al antiguo enemigo con todo el poder del Espíritu. La narrativa recuerda al Jardín del Edén, pero esta vez la obediencia gana donde Adán y Eva fracasaron. En este marco, el Espíritu guía a Jesús hacia la confrontación directa porque solo Él puede derrotar el avance del mal, no evitando la tentación, sino enfrentándola y saliendo victorioso. Teólogos como Greg Boyd y Michael Heiser describen la prueba del desierto de Cristo como una declaración de guerra contra la carne y la oscuridad espiritual. - (Restoration Theology — Restoration Theology, 2025). Para los creyentes, entender las pruebas como un conflicto cósmico/espiritual aporta gravedad a las batallas espirituales personales. La tentación no es solo interna, sino que marca la participación en el propósito mayor de Dios contra la oscuridad. Ganar estas batallas con la ayuda del Espíritu refleja el camino de Jesús y **amplía la influencia del reino de Dios.**

Desde los Tres Puntos de Vista de la Síntesis:

Pruebas como Estrategia Divina Multifacética

Estos tres marcos no compiten, sino que se entrelazan en una imagen detallada de la obra de Dios en momentos de prueba. Las pruebas guiadas por el Espíritu sirven para refinar el carácter, preparar el servicio futuro y superar la oposición espiritual, todo conjunto a la misma vez. En el desierto, la historia de Jesús modela la estrategia multidimensional de Dios: el fuego de la tentación hace visible la lealtad a Dios, fortalece la preparación para el ministerio y derrota los planes del enemigo. Para los seguidores de Cristo, esta síntesis ofrece consuelo de que las luchas nunca tienen un propósito único. La guía del Espíritu no significa ausencia, sino una formación activa para una mayor semejanza con Cristo, una mayor confianza y victoria espiritual. - (Koffa & Seminario, 2025; Teología de la Restauración — Teología de la Restauración, 2025). El camino de Jesús a través de su propio desierto se presenta como una invitación viva a caminar con el Espíritu, sabiendo que Él entrena, purifica y equipa en cada paso del camino.

Resumen y Reflexión del Capítulo 11

Ahora que hemos explorado **la guía del Espíritu de Jesús hacia el desierto** a través de las lentes de la purificación, la preparación y el conflicto cósmico/espiritual, podemos apreciar mejor cómo este momento revela la compleja obra de Dios en tiempos de lucha. **En lugar de ver las pruebas como contratiempos o señales de ausencia divina**, las reconocemos como encuentros con propósito donde la fe se pone a prueba y se fortalece, se forma la preparación para el ministerio y las batallas espirituales se libran con poder. Esta comprensión multifacética nos anima a afrontar nuestras propias dificultades no con miedo, sino con la confianza de que el Espíritu nos guía activamente hacia el crecimiento y la victoria. A medida que avanzamos, este capítulo invita tanto a jóvenes creyentes como a líderes a abrazar los pasajes desafiantes con curiosidad y confianza, sabiendo que dentro de la dificultad reside la oportunidad de parecerse más a Cristo y participar en la historia que se despliega Dios.

Lista de Referencias del Capítulo 11:

Referencia bíblica primaria:

Mateo 4:1 ... "***Jesús fue llevado (Guiado) por el Espíritu (Santo)*** *al desierto* ***para ser tentado (puesto a prueba) por el diablo.*** (Biblia) – Nueva Versión Latinoamericana. Tambien; - NVI. – VRV 1960. Y otras versiones…

Otras referencias

Koffa, I. C., & Seminario, B. T. (27 de octubre de 2025). *Teología sistemática volumen II. Rehecho Docx*. - researchgate.net

Matthew. (2025). - soniclight.com.

O'Donnell, D. (s.f.). *Matthew | Comentario | Douglas Sean O'Donnell | TGCBC*. – thegospelcoalition.org

Teología de la Restauración — Teología de la Restauración. (2025). *Teología de la Restauración*. - restorationtheology.org

Capítulo 12:

Caso raro de...

'Una Visión de Un MOMENTO en el Tiempo'

Satanás Mostrando a Jesús "Todos los Reinos del Mundo" en un Instante

Lucas 4:5 "*Y le llevó **el diablo**, a un alto monte, y **le mostró en un *momento (de tiempo) (*instante) todos los reinos** de la *tierra (*Mundo).* – Versión: Reina Valera Gomes. + otras versiones; -NBL -VRV1909 -BJ200 -VRV1960.

Lucas 4:5 *"**El Diablo** lo llevó a una altura, y **le mostró en un *instante** todos **los reinos** del mundo."* – *NBLA*

Un *Monento; Presente y Más Allá

"Cuando **Satanás mostró** a Jesús '**todos los reinos del mundo en un instante**', reveló más que tierras y fronteras. Esta visión rara comprimía un poder e influencia inmensos en un solo instante más allá de la experiencia humana ordinaria. Un vistazo así nos desafía a considerar qué significa que la autoridad se muestre de forma tan completa y rápida, ***fuera de los límites del espacio y el tiempo**. Invita a la reflexión sobre las fuerzas que moldean sociedades, creencias y destinos, y sobre cómo opera la tentación cuando se presentan todas las formas de control mundano a la vez. Explorar este momento inusual ayuda a descubrir capas de **significado. que han intrigado tanto a estudiosos académicos como a creyentes:** planteando preguntas sobre el poder espiritual, la naturaleza de la verdadera autoridad y las profundas decisiones a las que se enfrenta quien está llamado a liderar sin sucumbir al atractivo del dominio fácil."

Mecánica de la Visión y Simbolismo (Estructura, Imaginería y Entorno)

La visión en Lucas 4:5, donde Satanás muestra *"todos los reinos del mundo en un momento (de tiempo)",* se distingue de la percepción humana común. Al usar la frase *"en un momento (del tiempo)",* Lucas señala una **experiencia que desafía la comprensión gradual y limitada de los** sentidos. 'No hay ninguna sugerencia de un viaje físico', ni 'ningún panorama que se despliegue para que Jesús lo vea pieza a pieza'; **Los reinos del mundo aparecen juntos, comprimidos en un solo instante indiviso**. Esta total inmediatez marca el evento como sobrenatural, rompiendo las ataduras terrenales. La realidad de lo que Jesús ve toma forma **fuera del flujo estándar del tiempo**, proporcionando una revelación de golpe, en lugar de en incrementos. Cuando los escritores del Nuevo Testamento describían momentos de revelación divina o visión profética, a menudo señalaban la repentina o la percepción simultánea, y aquí ese patrón intensifica la sensación de que Jesús se enfrenta a algo que ninguna mente ordinaria podría soportar. La fuerza de la tentación depende de esta divulgación completa y exhaustiva. En la vida cotidiana, las leyes de la física, la geografía y el tiempo ordenan lo que se puede ver o conocer. La visión instantánea ignora estos límites, ofreciendo un panorama que llevaría años, o toda una vida, encontrar de forma natural. La tentación se vuelve más fuerte cuando todo tipo de poder posible se presenta ante una persona a la vez.

Esta revelación completa y condensada atrae el foco hacia el interior, más allá de la mecánica de la vista, hacia el significado de los propios reinos. **"Todos los reinos"** aquí hace más que recopilar una lista de naciones o mostrar límites en un mapa. En el pensamiento antiguo, los reinos incluían más que territorio: apuntaban a **la autoridad, el orden social, la filosofía, la riqueza y el poder espiritual**. Cuando Satanás muestra a Jesús los reinos, no solo muestra a Roma con sus ejércitos y ley, sino también a Grecia y sus escuelas, templos y sistemas de conocimiento; la sabiduría y el comercio de Egipto; Influencias orientales que moldearon caminos, mercados y mitologías. **Cada reino contiene sus estructuras culturales**, valores y formas en que la gente busca poder o significado. La frase en el evangelio de Lucas indica que Jesús se enfrenta al alcance total del logro humano y a las diversas formas en que la autoridad actúa en el mundo. Cada ámbito que moldea la vida diaria y el destino—gobiernos, sistemas económicos, escuelas, incluso instituciones religiosas—yace extendido ante Él. Lo que Satanás ofrece, entonces, no es un pequeño terreno ni un título pasajero, sino una invitación a controlar cómo las sociedades se ordenan, quién gobierna y qué valores están en el centro. **Esto convierte la tentación en una de alcance global, incluso cósmico**. No se trata solo de dominio externo, sino también de influir en las creencias, esperanzas y destino de cada grupo y cultura.

La posición de Satanás en esta historia no es solo la de un tentador externo susurrando al oído; Aparece como alguien que puede abrir realidades ocultas. En la tradición bíblica, ángeles y demonios tenían acceso a reinos y conocimientos que estaban fuera del alcance humano. Satanás ofrece una visión que solo un ser espiritual podría conceder. En este momento, actúa como mediador sobrenatural, revelando más de lo que se puede obtener con la experiencia. Este papel sugiere una jerarquía en el ámbito espiritual: algunos seres poseen cierta autoridad y perspicacia, aunque ese poder permanezca controlado por Dios. **La visión demuestra** que el mal, aunque real, no puede operar libremente ni sin restricciones. La historia plantea preguntas: ¿cuánto sabe, ve o controla el mal? **¿Qué tan real es la oferta que hace Satanás**? Aun así, el texto muestra a un ser que puede hacer visible una realidad pero no puede hacerla suya ni garantizarla a otros. Esta comprensión más aguda del papel de Satanás ayuda a enmarcar toda la confrontación como una en la que el poder, el conocimiento y la mediación se exhiben, no solo sugerencias o tentaciones superficiales. - (*La Gran controversia entre Cristo y Satanás*, 2025). **El enemigo y opositor (satanás) es tanto poderoso como limitado**, revelador de lo que tienta y un imitador frustrado de lo divino. Mas hay que tener muy en claro, que (satanás) no es todo poderoso, como lo es nuestro Padre; Rey y Dios supremo.

Lecturas Interpretativas e Implicaciones Teológicas (perspectivas literales, metafóricas, psicológicas y la estaca doctrinal)

Tres marcos interpretativos principales moldean la forma en que lectores y estudiosos abordan el significado de la visión de Satanás en **Lucas 4:5**: literal, metafórico y psicológico. Cada uno ayuda a desentrañar capas únicas del pasaje, destacando aspectos distintos del encuentro de Jesús (en **un momento** del tiempo) con los "reinos del mundo" y lo que revela sobre la guerra espiritual, la experiencia humana y la realidad del gobierno de Dios.

POSIBILIDAD DE INTERPRETACIÓN 1:

Interpretación Literal

La **interpretación literal trata la visión como un evento real** y sobrenatural. En esta visión, a Jesús se le muestran los reinos y los imperios reales de la tierra, no solo como símbolos abstractos sino como realidades visibles hechas presentes por medios sobrenaturales. Los comentarios evangélicos suelen describir esto como una "revelación apocalíptica"—algo similar a las visiones de Daniel 7, donde bestias simbólicas representan imperios mundiales pero se ven con una claridad y presencia extraordinarias. - (*Seminario Teológico de Columbia*, 2022). "**Satanás tiene autoridad temporal**" desde esta perspectiva se refiere a la enseñanza bíblica de que el diablo posee cierta influencia sobre las instituciones terrenales—a veces llamado el "príncipe de este mundo" (**véase Juan 12:31**). El comentarista Darrell Bock describe esto como Satanás "realmente ofreciendo los reinos, **haciendo (aparentemente) una propuesta genuina a Jesús** para gobernar el mundo al margen de los caminos del Padre." Aquí, Jesús se enfrenta a la verdadera tentación de reclamar un poder que Satanás puede, por un tiempo, otorgar. La naturaleza instantánea de la visión se explica porque Jesús está sobrenaturalmente capacitado para ver a través del tiempo y el espacio. El papel de Satanás como presentador se entiende como literal: media la visión y ofrece autoridad genuinamente "si caes y me adoras." En este marco, la respuesta de Jesús se ve como un rechazo firme a una oferta real y material, estableciendo su negativa a ganar el mundo a costa de la verdadera adoración.

POSIBILIDAD DE INTERPRETACIÓN 2:

Interpretación Metafórica

La **interpretación metafórica** interpreta el pasaje como una enseñanza sobre la **seducción espiritual y moral del poder, más que como un registro de la geografía física**. Aquí, los "reinos del mundo" simbolizan el atractivo de la influencia, la gloria, el éxito y el reconocimiento que ofrecen los sistemas del mundo—lo que Juan llama *"la lujuria de los ojos y el orgullo de la vida"* (**1 Juan 2:16**). Los estudiosos que favorecen este enfoque señalan que las visiones apocalípticas en las Escrituras utilizan imágenes dramáticas para plantear puntos más profundos sobre la lealtad y la tentación. "La visión viene cargada del simbolismo del dominio y el deseo", escribe N.T. Wright, quien señala que "la verdadera batalla no es por territorio ni tronos, sino por la lealtad del corazón." En esta lectura, la tentación de Jesús trata de elegir perseguir el reino de Dios mediante el sacrificio y la fidelidad, en lugar de por atajos hacia el poder o el espectáculo. - (*Seminario Teológico de Columbia*, 2022). La lucha ética se convierte en el foco principal: ¿perseguiría Jesús la gloria vacía del mundo, o elegiría (como dice la escritura) "adora al Señor tu Dios y solo le sirve"? **El papel de satanás es el del engañador**, presentando elecciones distorsionadas enmarcadas como oportunidades atractivas. La rapidez de la visión resalta lo rápida y poderosa que puede apoderarse la tentación en la imaginación humana, remarcando esto el caso de la vigilancia en la guerra espiritual. **La respuesta de Jesús sirve como modelo de discernimiento moral**, negándose a aceptar el poder sin obediencia a Dios.

POSIBILIDAD DE INTERPRETACIÓN 3:

Interpretación Psicológica

La **interpretación psicológica** examina la escena como una exploración de las luchas internas de Jesús: sus esperanzas, cálculos, miedos y autocomprensión puestos en una aguda claridad y realidad. Los reinos mostrados podrían reflejar la lucha psicológica de Jesús; concerniente a qué **tipo de Mesías sería**. ¿Se apoderaría de la admiración del mundo o recorrería el camino difícil hacia la cruz? El estudioso evangélico Craig Evans ha escrito cómo este pasaje "revela la plena humanidad de Jesús, cuya mente y corazón fueron tocados por opciones y deseos reales, pero que eligió una lealtad inquebrantable al plan de Dios." **Los intérpretes psicológicos no niegan la realidad de la guerra espiritual**. Más bien, enfatizan que la batalla no solo tiene lugar en los reinos cósmicos, sino también dentro de la vida interior. La función de Satanás aquí podría entenderse como incitar, provocar y remover estas profundas preguntas en Jesús, por lo que la cualidad "instantánea" de la visión se refiere a cómo los pensamientos y tentaciones pueden pasar vívidamente por la mente aunque no pase un tiempo real fuera de ella. La respuesta de Jesús —citar las Escrituras y alinear su voluntad con el Padre— se convierte en una victoria tanto del corazón como de la obediencia externa. **Esto le hace cercano**, plenamente humano en lo más profundo de su experiencia, sin ceder nunca terreno al mal.

Enfoque Combinado e Implicación Teológica de la Soberanía Divina

Cada enfoque ayuda a visualizar el momento dramático: **los intérpretes literales** imaginan a Jesús mirando un panorama sobrenatural; **los estudiosos** metafóricos piensan en él enfrentándose a las deslumbrantes promesas de logros mundanos; **Los lectores de psicología** lo imaginan librando la solitaria batalla de la integridad en sus pensamientos más profundos. En cada uno, el punto fundamental sigue siendo el mismo: **Jesús rechaza la oferta de satanás** porque no se deja atraer por un poder temporal o una autoridad superficial.

La soberanía divina ancla todas estas perspectivas. Este término teológico se refiere a la suprema autoridad y control de Dios sobre todo reino—visible o invisible, real o imaginado. Ya sea que la escena se interprete como visión sobrenatural, prueba simbólica o prueba interna, cada lectura afirma que el gobierno de Dios eclipsa cualquier otra afirmación de poder. - (Patterson, 2016). **El rechazo de Jesús a satanás no es solo disciplina personal**; representa la victoria del reinado de Dios sobre todas las falsas alternativas. Los reinos pueden brillar ante los ojos, pero el trono de Dios perdura. **Este momento se convierte en un punto de inflexión en el viaje**

mesiánico, donde el camino se aleja del poder barato y se dirige hacia la cruz—la verdadera muestra de la realeza de Dios.

Resumen y Reflexión del Capítulo 12

Comprender **la visión en la que satanás revela todos los reinos del mundo a Jesús en un momento de tiempo** nos invita a ver más allá de una simple historia de tentación; nos desafía a comprender todo el alcance de la autoridad espiritual, la ambición humana y la soberanía divina en un momento tan convincente. Ya sea que veamos esta escena como una **revelación literal**, una **metáfora de la elección moral** o **un vistazo a la lucha interior de Jesús**, cada perspectiva profundiza nuestra apreciación de cómo se presenta y rechaza el poder. Ahora que hemos explorado su simbolismo, entorno e interpretaciones, podemos comprometernos mejor con la batalla espiritual continua entre el atractivo mundano y la obediencia fiel. **Esta visión nos prepara para reconocer** tentaciones similares en nuestras propias vidas y nos anima a mantenernos firmes en el llamado superior ejemplificado por Jesús: un compromiso de servir al verdadero reino de Dios en lugar de a la gloria terrenal efímera.

Lista de Referencias para el Capítulo 12:

Referencia bíblica primaria:

Lucas 4:5 "*Y le llevó* ***el diablo****, a un alto monte, y* ***le mostró en un *momento (de tiempo) (*instante) todos los reinos*** *de la *tierra (*Mundo).* – **Versión: Reina Valera Gomes. + otras versiones; -NBL -VRV1909 -BJ200 -VRV1960.**

Lucas 4:5 ***"El Diablo*** *lo llevó a una altura, y* ***le mostró en un instante*** *todos* ***los reinos*** *del mundo.*" – ***NBLA***

Otras referencias:

Seminario Teológico de Columbia. (19 de diciembre de 2022). Seminario Teológico de Columbia. - ctsnet.edu

Patterson, D. L. (2016). *El Reino de Dios como marco para la hermenéutica bíblica evangélica*. - sbts.edu. - hdl.handle.net

La gran controversia entre Cristo y Satanás. (2025). -gutenberg.org

Capítulo 13:

Caso Raro de ...

Una 'OFERTA Tentativa': ...

A Cambio de Adorar al Impostor

Mateo 4:8-9

*8) De nuevo, LO TENTÓ el diablo, llevándolo a una montaña muy alta, y le mostró todos los reinos del mundo y su esplendor. 9) (Y le dijo): "**Todo esto te daré**", "**si te postras y me adoras**."* **(Biblia)** – NIV. Y otras versiones …

La Propuesta de Poder de Satanás a Cambio de Adoración

El poder y la influencia han capturado durante mucho tiempo la imaginación humana, a menudo considerados los objetivos últimos que otorgan estatus, control y éxito. Sin embargo, bajo la superficie de estas ambiciones se esconde una profunda cuestión sobre dónde se origina la verdadera autoridad y **qué costo se asocia a su búsqueda**. A lo largo de la historia, muchos se han enfrentado a elecciones entre integridad y conveniencia, fidelidad y compromiso, especialmente cuando el poder viene acompañado de una demanda de lealtad que desafía creencias y **principios fundamentales**.

Este capítulo explora **un episodio raro y llamativo** del Evangelio de Mateo, donde Jesús enfrenta una tentación como ninguna otra: una oferta directa de todos los reinos del mundo **a cambio de adorar a quien se opone a Dios**. Examina la naturaleza de esta oferta, sus implicaciones espirituales y éticas, y el peso de la respuesta de Jesús. Consideraremos diversas formas en que se ha entendido este momento, incluyendo lo que revela sobre la fuente del poder legítimo, la identidad y misión de Jesús como Mesías, y cómo moldea las ideas cristianas sobre la adoración, la autoridad y la lucha espiritual. A través de este estudio, se invita a los lectores a reflexionar sobre los **desafíos** de la lealtad y la integridad ante atajos tentadores dentro de la fe y la vida.

Naturaleza e Implicaciones de la Oferta de Satanás

Todos los reinos del mundo se alzaban ante Jesús en un panorama amplio y visionario: una promesa de influencia suprema, alcance político sin control y gloria deslumbrante. La oferta de Satanás en la alta montaña, tal como se registra en **Mateo 4:8–9**, movía los hilos del anhelo humano de poder, pero fue mucho más allá de la tentación de poseer o gobernar. En el fondo, este momento actuaba como una prueba de pura lealtad. **Cuando Satanás pidió adoración a cambio del dominio mundial**, exigió la entrega de la devoción de Jesús de Dios hacia sí mismo. Para una audiencia judía del siglo I, la gravedad de esta petición habría sido imposible de ignorar. Someter a todos los pueblos —romanos, judíos y todas las naciones intermedias— a una sola autoridad habría significado comprender el poder y el estatus que ostentaban los emperadores, sacerdotes y reyes que dieron forma a la época. La frase *"todos los reinos y su esplendor"* evocaba no solo el dominio político, sino también el poder sobre ejércitos, leyes, economías e incluso culturas. Sin embargo, **la oferta llevaba una sombra**: adorar a Satanás significaría romper el shemá, el núcleo ardiente del monoteísmo judío, y **romper el primer mandamiento** de no tener otros dioses. - (Guzik, 2015). Tal movimiento no solo destronaría a Dios del corazón de Jesús, sino que desharía la misión misma para la que vino. El peso ético se vuelve claro: ningún acto de "hacer el bien" mediante el dominio mundano puede justificar la idolatría, y así el dilema gira en torno a la fuente y al precio del poder mismo.

Al observar más de cerca la autoridad detrás de la proposición de Satanás, surgen preguntas sobre quién tiene realmente poder sobre los sistemas terrenales. Un enigma intrigante; Que Satanás pueda siquiera proponer tal comercio indica que reclama una forma de poder sobre el orden político y social del mundo. - (Guzik, 2015; *¿Cuál fue el significado y el propósito de las tentaciones de Jesús?*, s.f.). **Esto no significa que sea el dueño último**, sino más bien un usurpador autorizado (y permitido) temporalmente un **gobierno y dominio ilegal**, ya que muchos pasajes bíblicos lo presentan como *"el dios de esta época"* (**2 Corintios 4:4**). Desde el fracaso de Adán en el Génesis, **la raza humana, guiada para reinar sobre la tierra**, entregó la autoridad espiritual al adversario apartándose de Dios. - (Guzik, 2015). **La disposición de Satanás a "dar" reinos** insinúa su influencia sobre gobiernos y gobernantes, haciendo eco de advertencias bíblicas posteriores de que los poderes y autoridades pueden corromperse espiritualmente. En la escena de la montaña, se presenta como un intermediario de poder, lanzando el premio del liderazgo terrenal a Jesús si tan solo reconoce la pretensión de Satanás a ser adorado. Detrás de estas líneas se esconde otro desafío: ¿Es Jesús realmente el Rey, o debe recibir legitimidad de quien se opone a Dios? Aceptar la oferta significaría admitir que el camino hacia la realeza mesiánica se realiza por compromiso y no por nombramiento divino.

Las apuestas mesiánicas en este encuentro van más allá de la ambición personal o la influencia momentánea. La cuestión es si **Jesús tomará un reino inmediato** y visible basado en la política, o elegirá un camino marcado por el sufrimiento y la transformación espiritual. **Un gobierno directo**, con todo el esplendor terrenal, prometía la conquista tanto de Roma como de Jerusalén—imagina un Mesías que trae la paz mediante victorias militares, elogios populares y control social. Sin embargo, tal reino, por deslumbrante que pareciera, seguía vacío en comparación con el reinado espiritual que Jesús inauguró más tarde—uno definido por la sanación, el perdón y la resurrección. La cruz yacía en el horizonte como una prueba: **¿Tomaría Jesús el atajo**, saltándose el sacrificio y abrazando el consuelo, o aceptaría el largo camino con su dolor y su última vindicación? La negativa de Jesús en este episodio crucial traza una línea clara entre el brillo temporal de los reinos mundanos y la realidad perdurable del reinado de Dios. - (*¿Cuál fue el significado y propósito de las tentaciones de Jesús?*, s.f.). **La rareza de esta tentación resalta y se destaca**. Los gobernantes y revolucionarios a menudo han cambiado ideales por victorias oportunas, pero aquí el precio es tan claro: **ganancia inmediata a costo de traicionar el amor de Dios**.

Bajo la política y la teología, la escena lucha con un profundo dilema ético y espiritual. La adoración ofrecida a cambio de poder no es solo una sutil prueba moral, sino un asalto frontal a la integridad y la confianza. **La tentación cristaliza lo fácil** que es, cuando se ofrece **un atajo** para influir, **sacrificar principios** por ventaja. En el mundo real, los atajos pueden parecer doblar valores para ascender en un puesto, abandonar la honestidad para ganarse favor, o cambiar la lealtad para ganar aceptación. **Lo que hace que este momento sea tan raro** es su franqueza—no hay un costo oculto, **solo la dura decisión de traicionar a Dios** por algo deslumbrante pero efímero. Al enviar a Satanás lejos, Jesús muestra el poder de resistir la tentación a través de las Escrituras y el amor firme por Dios por encima de todo retorno. - (Guzik, 2015; *¿Cuál fue el significado y el propósito de las tentaciones de Jesús?*, s.f.). Elegir la integridad cierra caminos fáciles y mantiene el deseo bajo control.

Estar en esta encrucijada con Jesús plantea muchas preguntas sobre la naturaleza de su victoria y las capas de significado de su negativa. En tradiciones posteriores, los teólogos han visto su respuesta como un estándar para resistir el mal, una declaración sobre el tipo de Mesías que sería y un llamado a vivir una lealtad indivisible en relación a Dios. Esto abre un amplio campo para explorar cómo la iglesia y las comunidades de fe entienden el costo, la autoridad y la forma de el verdadero Reino de Dios aquí en la tierra.

Interpretaciones de la Respuesta e Implicaciones de Jesús

Las interpretaciones evangélicas **de la respuesta de Jesús** a la tentación de Satanás, revelan varias capas interconectadas de significado que han moldeado la comprensión y la práctica cristiana durante siglos. Una lectura detenida de este evento revela no solo un acto aislado de coraje moral, sino una encrucijada entre ética, teología y misión.

POSIBILIDAD DE INTERPRETACIÓN 1:

Jesús; Resistiendo la Idolatría

La primera posibilidad de interpretación se centra en **Jesús como aquel que resiste audazmente la idolatría**. La exigencia de Satanás —caer (postrado) y adórame— articula una tentación que golpea el corazón de la fe monoteísta. Inclinarse, aunque sea momentáneamente, sería renunciar a la lealtad que solo pertenece a Dios. Jesús responde con un compromiso inquebrantable, esencialmente haciendo eco de Deuteronomio: *"Adora al Señor tu Dios y sirve solo a él"* (**Mateo 4:10**), enmarcando su lealtad dentro del mandato bíblico que sustenta toda la fidelidad de Israel al pacto. -(Schmutzer, 2008). En el comentario evangélico, esta postura se presenta como el modelo decisivo para los creyentes: la negativa a intercambiar la fidelidad en Dios por cualquier beneficio mundano, sin importar el coste. Un comentarista señala: "La verdadera prueba de la adoración no es la presencia de opciones, sino la negativa a considerar a cualquier rival, por atractivo que sea." - (*Significado de Mateo 4 9, Referencia cruzada, Comentario. Versiones Biblicas; RV NVI LBA NLB…y otras versiones,* 2025). Aquí, la resistencia de Jesús a la idolatría se sitúa en el contexto de los fracasos de Israel en el desierto y el primer Adán. A diferencia de estos precursores, Jesús resiste cuando se le pone a prueba donde otros cayeron, afirmando el principio de que identificarse con Dios significa rechazar todos los atajos espirituales, incluso aquellos que prometen recompensa instantánea. Para los cristianos, este precedente ético se convierte en un referente: renunciar a la devoción total es precisamente donde comienza la derrota espiritual.

POSIBILIDAD DE INTERPRETACIÓN 2:

Afirmación de la Soberanía Divina

Una segunda perspectiva evangélica destaca **la afirmación de la soberanía divina**. En esta lectura, el rechazo firme de Jesús desafía directamente la legitimidad de la oferta de Satanás. **La autoridad sobre los reinos del mundo pertenece legítimamente al Mesías**, pero es concedida por Dios, no tomada mediante un pacto con el mal. **Satanás,**

presentándose como un intermediario de poder, solo puede falsificar lo que realmente pertenece al Creador. Los estudiosos evangélicos suelen argumentar: "Jesús se niega porque no necesita el patrocinio de Satanás. Su reino es un regalo, no una transacción." - (*Significado de Mateo 4 9, Referencia cruzada, Comentario Versiones Biblicas; RV NVI LBA NLB…y otras versiones,* 2025). La identidad real de Jesús se reconoce en su bautismo y se reafirma en su tentación, presentando un mapa relación triádica (o Trirnitaria) de Padre, Hijo y Espíritu Santo. - (Schmutzer, 2008). **Al rechazar el atajo de Satanás**, Jesús demuestra que el verdadero poder proviene de la sumisión a la voluntad de Dios y no de la manipulación o el compromiso. El evento, entonces, no se convierte en una disputa de voluntades, sino en una **demostración de que toda autoridad pertenece a Dios**, y que solo un Mesías enraizado en la legitimidad divina puede gobernar. La implicación para la vida cristiana es profunda: la autoridad genuina se recibe mediante la obediencia, no se aprendiéndola por medios mundanos.

POSIBILIDAD DE INTERPRETACIÓN 3:

Implicaciones para la Misión de Jesús

La tercera posibilidad de interpretación se centra en las **implicaciones misionales de la decisión de Jesús**. Muchos estudiosos sostienen que este fue un momento decisivo, marcando la trayectoria de todo lo que siguió.

Al rechazar el atractivo de los reinos temporales asegurados mediante el compromiso, Jesús declara que su misión no se cumplirá mediante el dominio o la política, sino mediante el sufrimiento, el servicio y la redención. El llamado "atajo" habría anulado la cruz al sustituir el poder inmediato por la salvación duradera. Como dice un autor evangélico, "La salvación no viene a costa de adorar el mal, sino de soportar el precio de la obediencia." - (*Significado de Mateo 4 9, Referencia en cruz, Comentario Versiones Biblicas; RV NVI LBA NLB...y otras versiones*, 2025). El camino de Jesús sería ahora de una fidelidad costosa, su reino caracterizado por la humildad más que por la conquista. Esta visión remodeló las expectativas para el Mesías: no un liberador político, sino un salvador que rescató a través del amor entregado. - (Schmutzer, 2008). Para los creyentes, el llamado a la misión resuena con una demanda similar de integridad y prioridades espirituales.

POSIBILIDAD DE INTERPRETACIÓN 4:

Representación Simbólica de la Guerra Espiritual

Una cuarta posibilidad complementaria de interpretación, explora este intercambio como una **representación simbólica de la guerra espiritual**. En el dramático enfrentamiento, se trazan las líneas de batalla cósmicas: el bien contra el mal, la verdad contra el engaño y el cielo contrarrestando la rebelión de Satanás. La interpretación evangélica a menudo ve esto como un microcosmos de las luchas espirituales que enfrenta todo creyente. "El triunfo de Jesús sobre la tentación marca el patrón para todos los que querrían luchar por la justicia." - (*Mateo 4 9 Significado, Referencia cruzada, Comentario Versiones Biblicas; RV NVI LBA NLB...y otras versiones*, 2025). El diálogo en sí tiene la sensación de una disputa o controversia legal, como se ve en otros géneros bíblicos. - (Schmutzer, 2008), **dramatizando que la victoria final llega** cuando la verdad divina se mantiene inquebrantable ante las falsas promesas. La autoridad espiritual que demuestra Jesús capacita a sus seguidores para hacer lo mismo.

Cada perspectiva saca a relucir un color diferente en este raro momento: resistir la idolatría apunta a la lealtad ética, la soberanía divina afirma la legítima realeza de Jesús, la claridad misional moldea el propósito de su ministerio, y el motivo de la guerra espiritual refleja el desafío continuo para la fe. **El reino que Jesús revela no está construido por atajos** o conquistas , sino que se define por las exigencias de la adoración, la autoridad basada en el propósito divino y la integridad espiritual.

Resumen y Reflexión del Capítulo 13

Ahora que hemos examinado la poderosa y rara tentación en **Mateo 4:8–9**, entendemos cómo el rechazo de Jesús (a esta tentativa) revela verdades clave sobre la lealtad, la autoridad, la misión y la batalla espiritual. Este momento nos desafía a considerar de dónde proviene el verdadero poder y **lo que cuesta mantenerse fiel**. Reconocer que el beneficio mundano que ofrece el mal siempre está ligado al compromiso, nos ayuda a entender por qué la elección de Jesús importa—no solo por su identidad como Mesías, sino por la forma en que vivimos nuestra fe hoy. A medida que avanzamos, **esta visión invita a una reflexión más profunda** sobre resistir atajos que amenazan nuestra integridad, abrazar una misión moldeada por el sacrificio y el servicio, y mantenerse firmes en las luchas espirituales con confianza arraigada en la soberanía de Dios. **Al mantenernos firmes en el ejemplo que Jesús** pone aquí, podemos navegar mejor nuestras propias tentaciones y participar fielmente en el reino que el verdadero Rey vino a establecer.

Lista de Referencias para el Capítulo 13:

Referencia bíblica primaria:

Mateo 4:8-9
8) "De nuevo, LO TENTÓ el diablo, llevándolo a una montaña muy alta, y le mostró todos los reinos del mundo y su esplendor." 9) (Y le dijo): ***"Todo esto te daré"***, ***"si te postras y me adoras."*** **(Biblia)** – NIV. Y otras versiones …

Otras referencias

Guzik, D. (9 de diciembre de 2015). *Mateo capítulo 4*. - enduringword.com

Mateo 4 9 significado, Cross Ref, comentario KJV NIV ESV NLT. (2025). - jcgm.org

Schmutzer, A. J. (2008). *La tentación de Jesús: una reflexión sobre el uso que hizo Mateo de la teología e imaginería del Antiguo Testamento*. - academia.edu

¿Cuál era el significado y el propósito de las tentaciones de Jesús? (s.f.). - gotquestions.org

Capítulo 14:

Caso Raro de...

"ESCRITO ESTÁ"

La Escritura Como Arma, Escudo y Principio Contra la Tentación

Mateo 4:3-10. & Lucas 4:3-11. – Según; la Biblia – (NVI, - LBA, - VRV, NBL, RVG... y otras versiones.)

*Frase para Resistir (con) y (contra Satanás)

La Palabra de Dios *Escrita

¿Qué ocurre cuando las palabras se convierten en algo más que letras en una página—cuando se convierten en poderosas armas contra la duda, el miedo y la tentación? ¿Cómo puede **la antigua Escritura** guiar a alguien que enfrenta intensos desafíos espirituales hoy en día? Estas preguntas tocan un misterio profundo: ¿cómo mantiene **la Palabra de Dios** autoridad y fuerza en momentos reales de lucha? Mucha gente se pregunta por qué ciertas frases de la Biblia, pueden traer paz o valor y convicción cuando la vida se siente abrumadora. Otros preguntan cómo esas mismas palabras pueden protegernos e incluso avanzar en batallas que parecen invisibles pero profundamente personales.

Al considerar estas preguntas, empezamos a ver un patrón revelado a través de una de las historias más conocidas pero profundamente desafiantes del Nuevo Testamento: las tentaciones del desierto que enfrentó Jesús. Lo que hace que su uso de las Escrituras sea tan llamativo no son solo las palabras en sí, sino la forma en que las invoca una y otra vez con confianza, como si citara una verdad inquebrantable que moldea tanto el pensamiento como la acción. Esta repetida declaración, **«Escrito Está»,** invita a los lectores a reflexionar sobre cómo la Escritura funciona no solo como guía, sino también como fuente de poder e identidad.

Al explorar este patrón, obtenemos una visión de cómo **las Escrituras** pueden ser más que una colección de ideas; se convierten en un **recurso** vivo que equipa y transforma. La historia anima a los creyentes a mirar más allá de la familiaridad superficial con los textos bíblicos y a relacionarse con ellos de forma intencionada, permitiendo que su significado **guíe las** decisiones, **resista la tentación** y **moldee la vida** cotidiana. Este capítulo te invita a comprender más profundamente **cómo la Palabra de Dios** sirve como ley, defensa y principio de Guía: una base para afrontar tanto las pruebas difíciles emergentes como las decisiones cotidianas.

Uso de las Escrituras por Parte de Jesús en la Tentación (Contexto, Estrategia e Integración Vivida)

Los relatos del desierto en **Mateo 4:3–10 y Lucas 4:3–11** sitúan a Jesús en confrontación directa con el tentador. Cada desafío que enfrenta es agudo y calculado, poniendo a prueba su identidad, lealtad y confianza en Dios. Cuando el diablo le insta a convertir piedras en pan, saltar desde la cima del templo o inclinarse a cambio de reinos mundanos, Jesús nunca responde con gestos vagos ni frases místicas. En cambio, recurre **a pasajes** específicos del Deuteronomio, citando con propósito: "***Escrito está***": "*El hombre no vivirá solo de pan*", "***Adorarás al Señor tu Dios y solo a él servirás***," y "*No pondrás a prueba al Señor tu Dios*." Estas respuestas muestran que su uso de las Escrituras no es improvisado, sino que demuestra **un juicio interpretativo preciso**.

Jesús elige cada texto porque responde directamente al desafío. Ante la tentación de saciar el hambre por medios sobrenaturales, recuerda la experiencia de Israel en el desierto y la lección de que la verdadera vida depende de cada palabra de Dios, no solo de la provisión material. Cuando Jesús provocado (en una forma burlesca) a provar su divinidad con una espectacular exhibición, **rechaza la exigencia de pruebas**, citando un mandamiento contra poner a prueba a Dios. Luego; 'Ofrecido todos los reinos a cambio de adoración', **reafirma la exclusiva reivindicación de lealtad de Dios**. En cada caso, la Escritura citada aborda el corazón de la tentación, no solo la necesidad u oferta superficial. **Jesús muestra** cómo es llevar la verdad bíblica a la obra cuando la tentación golpea, usando la palabra escrita como herramienta tanto de visión como de resistencia. - (*Interpretación de la Biblia en la Iglesia:* s.f.). Esto revela que la interpretación fiel no es un ejercicio mecánico, sino que requiere discernimiento: **conocer el texto**, leer su intención y adaptarlo a las exigencias del momento presente.

La fórmula repetida, **"Escrito está",** indica más que simple familiaridad con los escritos sagrados. Cada vez que Jesús pronuncia estas palabras, está haciendo **una declaración clara sobre la autoridad de la palabra escrita de Dios**. Elige ponerse bajo la regla vinculante de la revelación de Dios, sometiéndose a las directrices del Creador en lugar de inclinarse ante las presentaciones convincentes del adversario. Donde las palabras de **el tentador** intentan torcer el significado de las Escrituras o sacarlas de contexto, Jesús vuelve una y otra vez a lo que Dios ha declarado. A través de esta postura, Jesús muestra un patrón para navegar dilemas éticos buscando la guía divina antes de actuar, en lugar de confiar en el instinto o en la voz persuasiva del tentador. - (2025). Este enfoque demuestra cómo

'Las **Sagradas Escrituras' (Palabra de Dios en la Biblia)** sirven como la ley que rige la vida espiritual, teniendo un peso mayor que el impulso, la oportunidad o incluso las necesidades básicas como el hambre o la seguridad.

El doble papel de las Escrituras se hace evidente en este intercambio: sirve tanto de escudo como de espada. Cuando se enfrentan a acusaciones, manipulaciones o mentiras descaradas, las citas de Jesús hacen más que bloquear o desviar la conversación: contrarrestan activamente y derrotan los ataques. Citando: *"El hombre no vivirá solo de pan",* bloquea el atractivo de la autogratificación pero también afirma la confianza en la provisión de Dios. Al negarse a poner a prueba a Dios, Jesús anula la legitimidad del desafío del diablo y afirma la integridad en su relación con Dios. En cada una de estas respuestas, el poder dinámico de la Palabra de Dios se hace evidente, ya que funciona como un participante activo en el conflicto espiritual en lugar de ser solo un recurso pasivo de fondo. - (*Interpretación de la Biblia en la Iglesia:* s.f.; 2025). La Palabra utilizada de esta manera no solo proporciona una barrera segura; Lleva la lucha al enemigo, exponiendo la falsedad, iluminando el camino correcto y anulando las propuestas del tentador.

El método de Jesús va más allá de las réplicas ingeniosas. Habita las verdades que cita, alineando su comportamiento con los principios que declara. Mientras lucha con el hambre real, la oferta de reconocimiento y la posibilidad de acortar el plan de Dios, deja que las palabras de las Escrituras moldean su determinación y acciones. **Esta integración de creencia y práctica** demuestra que **la autoridad de la Palabra de Dios** no está destinada solo al asentimiento intelectual, sino a la transformación del carácter. Su obediencia al texto confirma que la Palabra no es neutral ni abstracta: es viva, destinada a habitar y salir a la superficie en tiempos de prueba. Jesús señala que la defensa contra la tentación no solo se encuentra en conocer las Escrituras, sino en dejar que habiten el corazón y guíen la voluntad.

Los lectores se ven atraídos por este patrón no como observadores lejanos, sino como participantes activos. La forma en que Jesús maneja las Escrituras en el desierto apunta a los recursos disponibles para cada creyente que se enfrenta a las luchas diarias de fe y obediencia. Llama a una atención cuidadosa a lo que se escribe, gratitud por la defensa que ofrece la Escritura y disposición a dejar que la Palabra remodele la vida desde dentro. Esto establece un patrón para una reflexión más profunda sobre cómo la interpretación y la aplicación se entrelazan y sienta las bases para explorar los marcos prácticos y hábitos que ayudan a anclar la fe en las promesas escritas de Dios.

Tres Interpretaciones de la Autoridad Bíblica en la Batalla Espiritual (Armadura, Patrón y Principio)

Al pensar en cómo Jesús respondió a la tentación con las palabras **"Escrito está"**, tres formas de entender la autoridad de las Escrituras cobran protagonismo para los cristianos evangélicos. Cada uno arroja luz sobre un aspecto diferente de la relación del creyente con la Biblia, mostrando cómo **las palabras de Dios** sirven como armadura espiritual, modelo para resistir el mal y un conjunto de principios rectores que moldean la vida cotidiana.

POSIBILIDAD DE INTERPRETACIÓN 1:

Las Escrituras como Armadura Espiritual

Efesios 6 describe el llamado del cristiano *a "ponerse toda la armadura de Dios"*, con ***la "espada del Espíritu, que es la palabra de Dios"*** tanto como **ofensiva**, y al mismo tiempo como **defensiva**. Desde esta perspectiva, la Escritura se convierte en una protección activa contra ataques espirituales. Jesús recurre a Deuteronomio cuando Satanás le tienta, no con argumentos ingeniosos sino con **verdad directa y** memorizada. Estas respuestas bíblicas no son improvisadas. Provienen de un profundo conocimiento e interiorización de la Palabra de Dios, demostrando lo que John Stott describe como "el arsenal defensivo del que dependen nuestra fe y esperanza." El efecto es claro: cuando el enemigo se enfrenta a Jesús, toda tentación se encuentra con la aguda y constante reprimenda de *"Escrito está."*

Memorizar y meditar sobre las Escrituras fortalece la resiliencia espiritual igual que un soldado aprende a usar y confiar en su equipo. El compromiso diario con la Biblia —devociones matutinas, estudios en pequeños grupos o memoria de las Escrituras— construye un depósito listo de verdad. Piensa en un joven creyente, enfrentándose a la ansiedad antes de una gran decisión, que se basa en **Filipenses 4:6-7** aprendido semanas antes. Ese verso se convierte en un escudo, bloqueando el pánico e invitando a la paz. Billy Graham dijo una vez: "La Biblia es lo único que puede combatir al diablo." Cada vez que un creyente se arma con las Escrituras, participa en la victoria que Jesús mostró en el desierto.

POSIBILIDAD DE INTERPRETACIÓN 2:

La Escritura como Patrón para Resistir el Mal

El uso que hace Jesús de "Escrito está" también destaca como un **modelo repetible**: una estrategia que exige la imitación. Esta comprensión se basa en la verdad de que la resistencia espiritual no es automática. La actividad religiosa general o las intenciones vagas no detienen la tentación; más bien, es la aplicación dirigida de la Palabra de Dios la que rompe el poder de las mentiras. Dallas Willard llamó a esto el "esfuerzo intencional de la mente y la voluntad" para enfrentar la verdad directamente a la falsedad.

El proceso es sencillo: reconocer la forma de la tentación, recordar la verdad bíblica que la aborda y responder a la tentación con esa verdad. Por ejemplo, cuando se lucha contra los celos, citar **1 Corintios 13:4** ("El amor no envidia") mueve el corazón hacia el carácter de Dios. Cuando se enfrenta a la presión de los pares, recordar **Gálatas 1:10** ("¿Estoy ahora intentando ganar la aprobación de los hombres, o de Dios?") da valor. Esto no es una esperanza pasiva de escape, sino una preparación deliberada. A través del estudio bíblico y el discipulado, los jóvenes aprenden a identificar sus puntos débiles y a recopilar "versículos preparados". John Piper escribe: "Cada vez que resistes una tentación confiando en una promesa de Dios, estás viviendo la misma victoria que vivió Jesús." La tentación se combate cuando la fe se encuentra con la Escritura adecuada en el momento adecuado.

POSIBILIDAD DE INTERPRETACIÓN 3:

La Escritura como Principio para la Vida Cristiana

La autoridad de "Escrito está" va más allá de los momentos de crisis. Para los Cristianos Evangélicos, **las Escrituras** proporcionan el estándar no solo para luchar batallas espirituales, sino para moldear la vida cada día. Este enfoque considera **la Biblia** como la norma más alta en cuanto a elecciones, ética, actitudes y sentido de identidad. **El Salmo 119:105** describe la Palabra de Dios como "una lámpara para mis pies y una luz para mi camino"—una guía continua y suave en cada estación.

En las amistades, la enseñanza de los Proverbios sobre la bondad y la honestidad sienta las bases para relaciones reales. En el trabajo, **Colosenses 3:23** ("Haga lo que haga, trabaja con todo tu corazón...") moldea el esfuerzo y la integridad. Incluso en el ocio, la llamada a honrar a Dios o amar a los demás guía las decisiones. Como dice J.I. Packer, "La Escritura moldea todo lo que somos y hacemos, no solo lo que creemos." Los líderes de estudios bíblicos pueden ayudar a otros a ver cómo la poderosa frase; **"Escrito está,"** no solo es una regla en emergencias, sino una base para vivir como seguidor de Cristo cada día, dentro del reino de Dios aquí en la tierra.

La Función Complementaria de las Tres Interpretationes

Estas tres comprensiones se entrelazan en la vida de un creyente, trabajando juntos más que solos. **En momentos de tentación**, un cristiano puede encontrar protección en un pasaje memorizado, resistir el mal diciendo activamente la verdad y asegurarse de que el nivel de vida de Dios es tanto claro como bueno. Por ejemplo, un estudiante que se ve presionado para hacer trampas usa las Escrituras como armadura (recordando la frase: "Escrito está... no robes"), sigue el patrón de Jesús nombrando en voz alta lo incorrecto y apela al principio más amplio de que la verdad de Dios define el comportamiento sin importar quién esté mirando.

A medida que estos marcos se entretejen —**defensa y ataque**, **ejemplo y directriz**—, la autoridad de la Biblia se vuelve más rica y práctica. El creyente que ve las Escrituras a través de las tres lentes, encuentra una fuerza y gozo (con alegría) más profundas, tanto en momentos de prueba como en los patrones de la vida cotidiana, aprendiendo a confiar en la Palabra de Dios como viva y activa ante cada desafío y decisión.

Resumen y Reflexión del Capítulo 14

Ahora que entendemos **cómo Jesús usó las Escrituras** en el desierto — como una autoridad poderosa, una herramienta estratégica contra la tentación y una luz guía para la vida diaria— podemos empezar a ver **la Biblia** no solo como un texto antiguo, sino como un recurso vivo para nuestros propios desafíos. Adoptar este enfoque nos invita a comprometernos profundamente con **la Palabra de Dios**, aprendiendo a reconocer su voz en momentos de lucha y decisión. **Siguiendo el ejemplo de Jesús**, podemos prepararnos mediante el estudio y la reflexión, **preparando nuestra mente y corazón** para responder con sabiduría cuando se nos ponga a prueba. Este capítulo nos anima a ir más allá de simplemente conocer las Escrituras para dejar que estas moldeen cómo vivimos, resistimos el mal y confiamos en las promesas de Dios, sentando las bases para una fe más fuerte y una comprensión más clara tanto en los caminos personales como en las conversaciones grupales.

Lista de referencias del capítulo 14:

Referencias bíblicas primarias:

Mateo 4:3-10. & Lucas 4:3-11. Rara 'Frase para resistir' (con) y (contra Satanás) ***"Escrito Está"*** (como principio bíblico y/o Sagradas Escrituras) Mencionada en los evangelios de Mateo y Lucas.
Según; la Biblia – (NVI, - LBA, - VRV, NBL, RVG... y otras versiones.)

Otras referencias:

(2025). - reformation21.org

Interpretación de la Biblia en la Iglesia: (s.f.). - catholic-resources.org

PARTE 5:

Casos Raros de ...

El *OPOSITOR

Un Engañandor para *Robar, - Un Atractivo *Letal, - Una Fatal *Destrucción

Capítulo 15:

Caso Raro de...

La TÁCTICA del Tentador:

Estrategia de Satanás; como 'Método Primario' ... (?)

<u>Lucas 4:9-11</u> y <u>Mateo 4:5-7</u> Según la Biblia – (NVI, VRV, NBL, LNA ... y otras versiones)

'Incorrecto Uso' de las Sagradas Escrituras

¿Alguna vez te has preguntado cómo **algo destinado a protegernos y** guiarnos podría convertirse en una herramienta de engaño? ¿Qué ocurre cuando las palabras que ofrecen consuelo se retuercen para crear confusión o tentación en su lugar? Estas preguntas nos desafían a reflexionar cuidadosamente sobre **el poder y el uso de las Escrituras en nuestras vidas**. ¿Cómo pueden los mismos textos sagrados que inspiran la fe también ser mal utilizados para engañar o manipular? Este capítulo te invita a explorar **un ejemplo raro y llamativo** del Nuevo Testamento donde ocurre tal inversión. Al examinar este momento, descubriremos **lecciones importantes sobre cómo comprender profundamente las** Escrituras, protegerse de interpretaciones erróneas y desarrollar una sabiduría espiritual que nos ayude a mantenernos firmes ante desafíos sutiles.

Análisis del Mal Uso de las Escrituras por parte de Satanás (Lucas 4:9–11; Mateo 4:5–7)

El enfrentamiento en el desierto entre Jesús y Satanás es más que un dramático enfrentamiento; **demuestra lo peligroso que es cuando las Escrituras se retuercen y sacan de contexto. Los Evangelios de Lucas y Mateo describen** el intento de Satanás **de desafiar a Jesús** citando el

Salmo 91: "Él mandará a sus ángeles respecto a ti, que te protejan", y, "En sus manos te sostendrán, no sea que te golpees el pie contra una piedra." Lo que Satanás presenta es ingenioso porque suena espiritual, pero es **manipulación**—una **táctica** que aún aparece hoy en varias formas. - (*Comentario de Mateo 4 | Precepto Austin*, 2024). Satanás omite el contexto crucial: el Salmo 91 describe la seguridad de quienes habitan en el refugio del Altísimo, **no de quienes ponen a prueba esa seguridad mediante actos imprudentes**.

Una de las primeras **herramientas del tentador es la cita selectiva**. Esto significa aislar un verso o frase de su contexto original para crear un significado artificial, algo también conocido como proof-texting. **El texto de prueba** toma palabras destinadas a un propósito y las reempaqueta para otro. En esta historia, Satanás arranca unas líneas de un salmo —apartándolas de la relación, la confianza y la obediencia que se exige a lo largo de las Escrituras— y las presenta como cheques en blanco para una intervención milagrosa. El problema es que, al eliminar las palabras de su narrativa más amplia, el tentador les despoja la humildad, la paciencia y la dependencia que moldean su verdadero significado. En términos contemporáneos, el texto de prueba puede parecer que alguien selecciona versículos para justificar una discusión o comportamiento, sin tener que lidiar honestamente con todo el alcance de la enseñanza bíblica—como usar "**no juzgar**" para silenciar toda evaluación moral, o usar "**puedo hacer todo**" para bendecir cualquier objetivo, por muy desvinculado que sea de la voluntad de Dios. - (*Comentario de Mateo 4 | Precepto Austin*, 2024; Daneshmand, 2021). El resultado es un marco engañoso que presiona a Jesús para validar su identidad mediante un espectáculo en lugar de una confianza silenciosa.

La **segunda táctica va aún más allá**: poner a prueba **la identidad y obediencia de Jesús**. A primera vista, el desafío de Satanás es si Jesús es realmente el Hijo de Dios. En el fondo, el verdadero duelo implica confianza y paciencia. ¿Está Jesús dispuesto a esperar y dejar que su Padre revele Su identidad y poder en el tiempo que pasa, o aprovechará la oportunidad para demostrarlo en sus propios términos? La prueba de Satanás intenta alejar a Jesús de la humildad y la dependencia de Dios y llevarlo hacia la presunción—exigiendo que Dios actúe de manera espectacular para justificar la creencia. Aunque el salmo (91) promete protección angelical, **nunca dice a alguien que se lance en peligro solo para demostrar la fidelidad de Dios**. Estas mismas tentaciones se repiten ahora cuando la gente malutiliza las promesas de Dios como excusa para decisiones arriesgadas o autopromoción, torciendo palabras destinadas a consolar en herramientas para comportamientos egocéntricos. - (*Comentario de Mateo 4* | *Precepto Austin*, 2024). La fe no exige que Dios haga trampas por nosotros; Espera, confía y se mantiene firme en la relación.

La propia Escritura se convierte en un arma de doble filo en este encuentro. **El hecho de que Satanás pueda, y lo haga,** citar los Salmos debería dar a todo lector motivo para detenerse. El poder de la Palabra de Dios reside tanto en su verdad como en el corazón que la escucha. **El conocimiento intelectual de los versículos no es lo mismo que el discernimiento espiritual.** Sin una atención cuidadosa al contexto, la humildad y **la guía del Espíritu Santo**, incluso los textos más sagrados pueden ser mal aplicados o convertidos en armas. Por eso la manipulación de las Escrituras sigue siendo una amenaza no solo en el desierto del siglo I, sino también en los púlpitos actuales, las redes sociales y la vida personal. -

(Daneshmand, 2021). Esto plantea un desafío urgente: las batallas espirituales no se limitan a tentaciones evidentes como la ira o el orgullo; también se desarrollan en ámbitos de doctrina, enseñanza e interpretación.

Jesús responde tomando de Deuteronomio, devolviendo cada media verdad retorcida con el pleno consejo de Dios. Se niega a convertir su relación con el Padre en un espectáculo para la aprobación pública o la seguridad en sí mismo. En lugar de responder al reto de Satanás, cita: **"No pondréis a prueba al Señor vuestro Dios",** recordando a todos los que leen estas palabras que obedecer a Dios nunca implica forzar Su mano ni hacer exigencias. Jesús demuestra que conocer las Escrituras significa más que memorizar versículos: requiere una comprensión profunda y humildad. - (*Comentario de Mateo 4 | Precepto Austin*, 2024). Mientras que la versión de Satanás aísla y manipula, **Jesús aplica correctamente las Escrituras**: en su contexto original, centrado en la fidelidad, la confianza y la obediencia.

En nuestro mundo, **el uso distorsionado de la Biblia sigue apareciendo en muchas formas**: un líder que retuerce versículos para ganar influencia, una publicación viral citando las escrituras fuera de contexto, o alguien que usa un fragmento de lenguaje bíblico para justificar una relación o decisión cuestionable. **El peligro** es claro: el mal uso de las Escrituras genera confusión e incluso puede atrapar a seguidores bienintencionados. **Mantenerse seguro** significa aprender las herramientas para separar la verdad del error, de modo que la fe crezca no solo en el conocimiento, sino también en la sabiduría, el discernimiento y la conexión genuina con Dios. Estas son las herramientas que este capítulo te invita a buscar mientras te enfrentas tanto a la verdad como a la tentación.

Tres Enfoques para Discernir y Contrarrestar la Aplicación Incorrecta de las Escrituras

POSIBILIDAD DE INTERPRETACIÓN 1:

Lectura Contextual

Observar detenidamente el contexto de cualquier pasaje de las Escrituras es la primera y más fiable forma de ver más allá de interpretaciones engañosas. **La lectura contextual** significa empezar por el **pasaje completo**, no solo por el versículo que alguien cita. **Incluye mirar los versos antes y después**, prestar atención al público para quien se dijeron o escribieron las palabras por primera vez, y preguntar qué estaba ocurriendo en su mundo en ese momento. No todas las partes de la Biblia utilizan el mismo tipo de escritura —poesía, historia, derecho, profecía o cartas— por lo que reconocer el género ayuda a poner límites al significado del texto. **El propósito autoral es otra clave:** ¿Cuál era el objetivo del autor y cómo lo habrían entendido los primeros lectores? Considera **Jeremías 29:11**, usado a menudo para prometer prosperidad personal: *"Porque sé los planes que tengo para ti... planes para prosperar y no para hacerte daño."* Aislado del contexto, parece una garantía de éxito sin problemas para los individuos. Leyendo solo unos pocos versículos antes y después, los lectores ven que la promesa se hizo a los exiliados judíos en Babilonia, tranquilizándoles sobre las intenciones a largo plazo de Dios para su comunidad a pesar de las dificultades. - (Okafor, 2025). Este método también ayuda a evitar lecturas superficiales al fundamentar la interpretación en el estudio de fondo: entender el lenguaje, la cultura y la intención del autor aclara qué significaba el texto entonces y qué puede significar ahora. - (Brian, 2016). Cuando la gente lee pasajes bíblicos **en contexto**, es menos probable que los tergiverse o abuse para apoyar agendas personales o argumentar un punto fuera de sintonía con la verdadera intención del pasaje.

POSIBILIDAD DE INTERPRETACIÓN 2:

Discernimiento Espiritual

El discernimiento espiritual constituye la segunda mitad de un enfoque sabio de las Escrituras. Donde la lectura contextual construye comprensión, el discernimiento invita al Espíritu Santo a revelar capas de significado que pueden no ser claras solo con el estudio. **La oración** y la apertura de corazon permiten a los creyentes percibir señales de advertencia cuando una interpretación "no encaja bien", aunque suene correcta en la superficie. **La guía del Espíritu Santo** muestra cuándo los motivos detrás de ciertas enseñanzas comienzan a desviarse, o cuando un versículo se retuerce de forma sutil. Llevar la oración y la atención espiritual a la lectura bíblica cambia la mentalidad de simplemente adquirir conocimiento a buscar la relación y la transformación. Por ejemplo, alguien podría encontrarse con una enseñanza que utiliza las Escrituras para justificar la falta de perdón contra otros. Leer el pasaje intelectualmente puede resaltar ciertas reglas, pero el discernimiento en oración podría generar inquietud: la sensación de que el mensaje general de Jesús llama al perdón y la misericordia, no a la amargura. A veces, el intelecto da hechos, pero el discernimiento espiritual lleva a los lectores a preguntarse: "¿Este uso de la Biblia coincide con el carácter completo de Cristo?". - (Brian, 2016; Okafor, 2025). Al hacer una pausa, pedir claridad a Dios y escuchar la convicción interior o la paz, los creyentes invitan al Espíritu Santo a ayudar a alinear la interpretación con el corazón de Dios. Esta sensibilidad no se opone al estudio intelectual; Trabajan juntos.

POSIBILIDAD DE INTERPRETACIÓN 3:

Responsabilidad Comunitaria

La responsabilidad dentro de una comunidad de confianza se basa en los dos primeros métodos. Ya sea a través de un grupo de estudio bíblico, mentor o iglesia local, la discusión compartida saca a relucir perspectivas e ideas que una persona podría pasar por alto. Nadie lee la Biblia libre de prejuicios personales, trasfondos o influencias emocionales. **Hablar de un pasaje con otros** pone de relieve dónde se desvía la interpretación individual o donde la experiencia puede estar cegando a alguien sobre lo que realmente significa el pasaje. Por ejemplo, un miembro de un grupo puede compartir una opinión sobre una enseñanza difícil; otros pueden desafiar o apoyar suavemente esa visión, animando a una visión más completa y a veces ofreciendo un trasfondo histórico o cultural que se había pasado por alto. Estas relaciones fomentan la humildad, la corrección y la seguridad, protegiéndose del error y del orgullo individual. La gente aprende a aceptar la corrección como un acto de amor y como una forma de leer las Escrituras fielmente en lugar de simplemente salirse con la suya. - (Okafor, 2025). En otro ejemplo, **un mentor podría ayudar a alguien** a reconocer cuándo está leyendo deseos o miedos en un pasaje.

Combinando estos 3 Enfoques para una Defensa Robusta

Cada uno de estos métodos —lectura contextual, discernimiento espiritual, responsabilidad comunitaria— ofrece una defensa sólida y práctica, pero son más fuertes cuando se usan juntos. **La lectura contextual** proporciona las **herramientas intelectuales para sopesar** las interpretaciones. **El discernimiento espiritual** añade el "control instintivo" y la guía en tiempo real del Espíritu Santo. **La rendición de cuentas** comunitaria proporciona sabiduría compartida, empatía y corrección, protegiendo contra los errores y puntos ciegos que surgen de la lectura aislada. Su respuesta a Satanás (las respuestas correctas de Jesús con las Escrituras) encarnaba este enfoque triple: una mente aguda, un corazón afinado y una relación fiel con la comunidad y la herencia de Dios. - (Brian, 2016). **Esta triple**

superposición constituye una poderosa salvaguarda contra la manipulación o el mal uso de la Palabra de Dios. En el desierto, **Jesús conocía las Escrituras de memoria**, entendía su contexto, permanecía conectado con el Padre (mostrando discernimiento espiritual) y se apoyaba en la tradición fiel de su pueblo.

Ejercicio de Autoayuda: "Triple Verificación de la Aplicación de la Biblia"

Propósito: Este ejercicio desarrolla habilidad y confianza en una interpretación segura y fiel de la Biblia guiando a los lectores a través de los tres métodos juntos. Prepara a los creyentes para detectar el mal uso, escuchar la voz de Dios y dar la bienvenida a la sabiduría comunitaria.

Pasos:

- Elige un pasaje o versículo que hayas escuchado recientemente o quieras explorar más a fondo.
- Empieza con lecturas contextuales:
- Lee al menos diez versículos antes y después del pasaje que elijas.
- Pregunta: ¿Quién escribió esto? ¿Quién fue el primer público? ¿Qué estaba pasando en ese momento? ¿Qué tipo de escritura es esta?
- Escribe el mensaje principal con tus propias palabras basándote en esta visión general.
- Practica el discernimiento espiritual:

- **Pausa Meditativa y Oración** : "Espíritu Santo, ayúdame a ver la verdad aquí. Avísame si me equivoco o si me pierdo de captar o entender algo."
- Fíjate en tus reacciones instintivas: ¿estás inquieto, resistente o en paz? ¿Por qué?
- Pregúntate: ¿Encaja esta comprensión con el mensaje y el carácter de Jesús?
- Encuentra la responsabilidad comunitaria:
- Comparte lo que has aprendido y tus ideas con un amigo de confianza, un grupo de estudio bíblico o un mentor.
- Invita a recibir comentarios: "¿Te parece esto lógico? ¿Lo ves de otra manera? ¿Qué notas en estos versos?"
- Toma notas sobre cualquier corrección o nueva perspectiva que se ofrezca.
- Reflexiona y aplica:
- ¿Qué cambió en tu interpretación tras estos pasos?
- ¿Cómo podrías aplicar el pasaje a tu vida basándote en este proceso?

Aplicar los métodos o pasos anteriores te ayudará mucho con la lectura y la interpretación de la Biblia. "Cada vez que practiques, crecerás en sabiduría, conciencia y madurez al manejar la Palabra de Dios". - (Brian, 2016; Okafor, 2025). Así que, deja que esta parte de este libro sea una herramienta espiritual bendecida para ti, a lo largo de tu camino hacia El Reino de Dios.

Resumen y Reflexión del Capítulo 15

Ahora que entendemos **cómo Satanás torció las Escrituras** para tentar a Jesús, estamos mejor preparados para reconocer y resistir usos similares en nuestras propias vidas. Este capítulo nos ha mostrado la **importancia de leer los versículos bíblicos con cuidado**—mirando más allá de frases aisladas **para captar su significado completo** dentro del contexto—y buscando la guía del Espíritu Santo junto a la sabiduría que se encuentra en la comunidad. Combinando un estudio cuidadoso, **discernimiento espiritual** y conversación honesta, podemos protegernos de ser desviados por interpretaciones distorsionadas y fortalecernos en la fe. A medida que avanzamos, abordemos las Escrituras no solo como palabras para memorizar, sino como una guía viva que nos llama a la confianza, la humildad y la obediencia, ayudándonos a mantenernos firmes en medio de los desafíos de las batallas espirituales actuales.

Lista de Referencias del capítulo 15:

Referencia bíblica primaria:

Lucas 4:9-11 y **Mateo 4:5-7** Según la Biblia – **(NVI, VRV, NBL, LNA ... y otras versiones)**

Otras referencias:

Brian. (2016). *Hacia una teología global: método teológico y contextualización.* - verbumetecclesia.org

Daneshmand, J. L. (2021). *El escurridizo Jesús de Lucas-Hechos en su contexto literario mediterráneo antiguo*. - academia.edu

Comentario de Mateo 4 | Precepto Austin. (2024). - preceptaustin.org

Okafor, C. (2025, 21 de agosto). *Comprendiendo diferentes interpretaciones bíblicas: una guía para creyentes - Creaciones de Gospellight*. - gospellightcreations.com

Capítulo 16:

Caso raro de...

El *OPOSITOR como

'*Tentador'

Duración, Intención y Razones Espirituales

(Para Descubrir)

Mateo 4:10. y **Lucas 4:13** – Biblia – (Varias Versiones)

El Tentador y Las Tentaciones

¿Qué significa realmente **ser sometido a pruebas**? ¿o ser tantado por (***satanás**) el ***opositor**? ¿Cuánto tiempo puede durar la resistencia antes de que la fe empiece a flaquear o fortalecerse? ¿Y **qué ocurre dentro de una persona cuando se enfrenta a una oposición espiritual** que parece implacable? Estas preguntas llegan al corazón de uno de los momentos más intensos registrados en las Escrituras: los cuarenta días que Jesús pasó en el desierto, **enfrentado a las tentaciones de satanás**. Este periodo es mucho más que un simple acontecimiento histórico; Esto ofrece una ventana para entender la cronología y la intención detrás de la prueba espiritual y del ***tentador**, así como sus consecuencias más profundas. Al examinar las sutilezas del oponente en esta experiencia, descubrimos cómo las pruebas prolongadas moldean el carácter, **revelamos la verdadera confianza en la Palabra de Dios** y nos preparamos para los desafíos que se avecinan. ¿Qué puede enseñarnos este antiguo encuentro de **Jesús resistiendo a el adversario**, acerca de cómo soportar las dificultades, prepararse para el ministerio y mantener la vigilancia a lo largo del tiempo? Explorar este **raro caso del opositor** adjuntos con estos temas invitará a una nueva perspectiva sobre por qué importan las pruebas y cómo funcionan dentro del camino del creyente.

Periodo/Temporada, duración, Intención, Prueba y Derrota

Los periodos prolongados de pruebas tienen un peso espiritual que va mucho más allá de la propia circunstancia. Cuando Jesús enfrentó al opositor o tentador, durante cuarenta días de tentación en el desierto, el dolor y la privación no eran simplemente medios de incomodidad. Estas dificultades sentaron las bases para las lecciones fundamentales sobre el crecimiento espiritual, la fe y el ministerio. Investigar estas lecciones puede ayudar a los lectores a extraer la misma fuerza para confrontar al opositor en el camino de fe.

Crecimiento a Través de la Adversidad

Santiago 1:2-4 establece que afrontar las pruebas aporta resistencia y, en última instancia, conduce a la madurez espiritual, **formando el carácter de una persona**. Como dice el pasaje, *"Deja que la perseverancia termine su trabajo para que puedas ser maduro y completo, sin faltar nada."* Jesús experimentó hambre, soledad y tentación implacable, soportando toda la fuerza de la adversidad, mientras se negaba a rendirse ante las tentaciones presentadas por el diablo. John Stott refleja esta verdad, escribiendo: "Para todo cristiano, la adversidad puede ser como el fuego de un refinador o como un purgatorio. Lo importante es saber que Dios camina con nosotros en el fuego." La firmeza en las dificultades transforma y fortalece, no porque el dolor desaparezca, sino porque la perseverancia da lugar a la resiliencia.

El desierto no era solo un paisaje vacío. Cada hambre, punzada y susurro del tentador le daba a Jesús una oportunidad más profunda de depender de Dios que de la autopreservación. Es aquí cuando la resistencia es más costosa—cuando las reservas físicas y emocionales son bajas—que nace la fuerza auténtica. En estos momentos, la comodidad no es el estándar del talento espiritual. En cambio, como reflexionó Dietrich Bonhoeffer, "Solo quien cree es obediente; y solo quien es obediente cree." La perseverancia en la adversidad moldea a una persona mucho más eficazmente que las estaciones ininterrumpidas de paz. - (*La tentación de Cristo - Lucas 4:1-13*, 2023; Guzik, 2015).

Cuando los creyentes enfrentan sufrimiento prolongado—una enfermedad crónica, decepciones repetidas o una sequedad espiritual persistente—son refinados por el horno de la dificultad. Las cenizas de expectativas destrozadas a menudo se convierten en el terreno para un nuevo crecimiento, permitiendo una fe sólida, arraigada y paciente. La historia del desierto de Jesús confrontando al tentador deja claro que la madurez espiritual no se forja principalmente en momentos de tranquilidad, sino en la victoria arduamente ganada de resistir a través de la adversidad.

Prueba de la Fe como Fundamento Ministerial

Las pruebas a menudo revelan la esencia de la fe, exponiendo tanto fortaleza de resistencia, como a la ves vulnerabilidades. En el desierto, Jesús no debatía con el diablo usando la lógica o la opinión humana. En cambio, empuñaba las Escrituras, citando pasajes como: "Escrito está: 'El hombre no vivirá solo de pan, sino de toda palabra que salga de la boca de Dios.'" Con cada réplica, **la fe en las promesas de Dios se convertía en su escudo**. Charles Spurgeon lo expresó claramente: "**La Palabra de Dios es la espada del Espíritu**; nunca uses tu propia espada." Para Jesús, la fe probada no era solo privada, sino que se convirtió en la base—sólida y aprobada—que empoderaba cada momento posterior del ministerio.

Los comentaristas evangélicos destacan que el uso repetido de las Escrituras durante la tentación no fue accidental, sino que demostró una dependencia total de Dios en lugar de autosuficiencia. - (*La tentación de Cristo - Lucas 4:1-13*, 2023; Guzik, 2015). La verdadera fe surge cuando aumenta la presión, cuando se agotan los recursos y cuando la voz del enemigo se hace fuerte. Sobrevivir al juicio no es solo apretar los dientes; se trata de aferrarse a la Palabra de Dios como la única ancla segura. D.A. Carson observa: "La autenticación solo llega después de la prueba. La fe probada es fiable, tanto para la convicción presente como para la batalla futura."

Esta confiabilidad aprobada (en responder al opositor con la palabra escrita dicha por Dios), es exactamente lo que Jesús necesitaría mientras se congregaban multitudes y aumentaba la oposición en su ministerio público. La victoria en la batalla del desierto le preparó para sanar, para enfrentarse a la hipocresía religiosa y para soportar la soledad de Getsemaní. La prueba revela una fe que vale la pena compartir y defender, formando la columna vertebral de todo ministerio eficaz.

Preparación Para el Ministerio

El periodo de aislamiento de Jesús en el desierto y el confrontamiento a satanás, no fue solo defensivo; fue un **tiempo de preparación divina**. La soledad con el Padre permitía una comunión sin distracciones, ayudando a Jesús a **distinguir la voz de Dios** de las mentiras de su adversario. **Las pruebas (o tentaciones del opositor) eran una parte esencial de la preparación**, ya que exponían las tácticas del mal mientras agudizaban el enfoque espiritual. Richard Foster señala: "La soledad es el horno de la transformación." La reflexión intensa y personal —combinada con la lucha contra la tentación— actuaba como entrenamiento para la confrontación, la sanación y la enseñanza que estaban por venir.

La preparación en el desierto tenía una doble naturaleza: **confrontación con la oposición** y retirada disciplinada. Ambos aspectos eran necesarios. El retiro fomentó un discernimiento claro y un propósito renovado, mientras que la confrontación endureció la resolución espiritual. Las disciplinas espirituales —oración, ayuno, meditación sobre las Escrituras— siguen siendo herramientas fundamentales para preparar a los creyentes para su llamado. - (*La tentación de Cristo - Lucas 4:1-13*, 2023;

Guzik, 2015). Del silencio de meditación en el Espíritu, resistencia al adversario con la palabra de Dios y lucha por sufrir con paciencia, surgió la claridad: Jesús vio con absoluta concentración lo que su vocación exigía.

meditación en el Espíritu, resistencia al adversario con la palabra de Dios y lucha por sufrir con resistencia

Realidad Espiritual Continua y el Opositor como Tentador

Lucas 4:13 nos dice que **el diablo se apartó** de Jesús (temporalmente) "hasta un momento oportuno." Esta sola línea comunica que la guerra espiritual no es un evento aislado (que solo sucederá una sola vez), sino un ciclo repetitivo. Las batallas ganadas en una temporada, no borran la realidad de futuros ataques del opositor. Sin embargo, el ejemplo de Jesús da esperanza a todo creyente. **Dios nos arma con la Palabra** y nos fortalece por su Espíritu. Las tentaciones y las luchas espirituales volverán, pero **los métodos para la victoria permanecen constantes**. La tranquilidad de Corrie Ten Boom, "No hay pozo tan profundo que el amor de Dios no sea aún más profundo", se convierte en una lente para entender la vigilancia espiritual. En lugar de ser una fuente de temor, la naturaleza continua de la prueba espiritual permite el crecimiento, la dependencia de Dios y la oportunidad regular de victoria que moldea la verdadera resiliencia espiritual. Los lectores recuerdan que los desafíos repetidos del tentador son normales y que, modelados según la experiencia de Jesús, cada prueba se convierte en un nuevo escenario para que la fe crezca.

Lecciones Interpretativas, Preparación Para el Ministerio y Oposición continua

POSIBILIDAD DE INTERPRETACIÓN 1:

Crecimiento a Través de la Adversidad: Fortalecimiento del Carácter y la Determinación

Los cuarenta días de Jesús en el desierto confrontando al opositor, ofrecen un plan de **cómo la adversidad moldea la madurez espiritual**. Su lucha no fue un acontecimiento momentáneo, sino una prueba continua, que se extendió a lo largo de días en los que enfrentó hambre física, aislamiento y tentación implacable. Este periodo dio espacio al trabajo lento del carácter espiritual. Mientras que el enfoque de Satanás buscaba explotar la debilidad humana, Jesús soportó cada ola, dejando que la dificultad se convirtiera en el suelo para una fuerza más profunda. En **Santiago 1:2–4**, los creyentes reciben el mismo estímulo: *"Considerad esto un gran gozo, hermanos y hermanas, cada vez que enfrentáis pruebas de muchos tipos, porque sabéis que la prueba de vuestra fe produce paciencia/perseverancia. pero dejad que esta perseverancia/paciencia termine su trabajo, para que puedan ser maduros y completos, sin faltar* *nada."* Este pasaje presenta la adversidad no como un desvío, sino como el camino principal hacia la plenitud espiritual.

Durante su ayuno, Jesús sintió una verdadera fragilidad humana; Su cuerpo sin duda pedía alivio. Sin embargo, **en esta debilidad**, surgió una fuerza misteriosa, mostrando el patrón que Pablo nombra en **2 Corintios 12:10**: *"... Porque cuando soy débil, entonces soy fuerte."* Como testificaron los participantes en un estudio, la adversidad a menudo se convertía en el catalizador del crecimiento espiritual, replanteando la dificultad de problema a posibilidad y abriendo espacio para la transformación. -(Manning et al., 2019). Charles Spurgeon capturó esta verdad con claridad: "La gema no puede pulirse sin fricción, ni perfeccionarse al hombre sin pruebas." **El proceso de resistir al tentador o la tentación**, en lugar de escapar, conduce a una fe que es a la vez suave y dura. Para quienes enfrentan los momentos más difíciles de la vida —enfermedad, pérdida o incertidumbre— Jesús es un modelo de alguien cuya vida interior se perfeccionó a través del sufrimiento, no a pesar de él. Cada punto de presión se convirtió en una invitación a dejar que **la fe** se profundice, crezca resiliente y salga demostrada.

POSIBILIDAD DE INTERPRETACIÓN 2:

Prueba de la Fe como Fundamento para el Ministerio

La experiencia en el desierto revela otra lección: **las pruebas espirituales no solo lastran (o cargan de peso) la fe, sino que revelan su autenticidad**. Cada tentación presentada por el opositor, presionaba a Jesús no solo para mostrar Su poder, sino para descansar en la Palabra de Dios. Cuando Satanás le desafió, Jesús respondió no con argumentos ingeniosos, sino **citando las Escrituras**. Este patrón subraya el lugar de la Palabra de Dios tanto como **escudo y al igual que como espada** en todo conflicto espiritual. Cuando Jesús declaró: *«El hombre no vivirá solo de pan, sino de toda palabra que salga de la boca de Dios»,* demostró que la fe no es solo un sentimiento; está basada en promesas fiables. - (Mateo 4:4).

Las respuestas de Jesús le marcaron como alguien cuya fe tenía raíces reales: puesta a prueba, estirada y demostrada como digno de confianza. Este tipo de fe está preparada para desafíos mayores. Tras el confrontamiento con el diablo en la tentación de el desierto, Jesús entró en el ministerio público, donde **enfrentó oposición de líderes religiosos, multitudes que se apretaban y oscuras fuerzas espirituales**, pero su base era firme. Los maestros evangélicos suelen enfatizar que el tiempo dedicado a aprender, memorizar y aplicar las Escrituras prepara a las personas para reconocer la falsedad y mantenerse firmes en las épocas difíciles. - (Universidad, 2025). Como dijo un predicador, "Una Biblia que se está casi desmoronando (por el constante uso), suele pertenecer a alguien que no lo está." La dura prueba antes del ministerio se convirtió en el ancla de todo lo que vino después.

POSIBILIDAD DE INTERPRETACIÓN 3:

Preparación Para el Ministerio: Equiparse Mediante la Disciplina Espiritual

El tiempo de Jesús en el desierto confrontando las tentaciones de satanas, muestra cómo la preparación a menudo requiere **un desafío intencionado**. En lugar de ver esto como un modo de supervivencia, utilizó cada momento para la disciplina espiritual. La soledad se combinó con la confrontación: Jesús se retiró físicamente para encontrarse con el Padre pero permaneció alerta ante los planes de Satanás. Estos elementos duales reflejan la forma en que el crecimiento ocurre no solo a través del conflicto externo, sino también de la escucha silenciosa de la guía de Dios. El aislamiento eliminó las distracciones, agudizando el sentido de misión y compromiso de Jesús con la voluntad del Padre.

Este patrón ofrece una guía para cualquiera llamado a servir. El ministerio eficaz nunca surge de un entusiasmo no probado; necesita estaciones reservadas para una sintonización espiritual enfocada. Como describió un participante en un estudio, en el tiempo a solas, escribiendo en un diario, y la autorreflexión les ayudaron a reconocer tanto la presencia de Dios como los patrones de tentación. - (Manning et al., 2019). **La oración contemplativa**, **la atención al Esprirtu Santo en silencio,** y **la lectura de las Escrituras,** se convierten en herramientas centrales para el discernimiento. - (Universidad, 2025). **La preparación para el ministerio no proviene solo de enfrentarse a pruebas públicas**, sino de tiempos en "nuestros desiertos de prueva", aprendiendo a escuchar, soportar y prepararse. Sin esos momentos, incluso las buenas intenciones pueden romperse bajo presión.

La Realidad de (*satanás) la *Oposición Espiritual Continua

La **nota final de la tentación de Jesús**, *"cuando el *diablo (*satanás o el *opositor) terminó toda esta *tentación,* ***lo dejó*** *hasta el momento oportuno."* - (**Lucas 4:13**), advierte que **la victoria** suele ser parcial, **no total. La batalla espiritual no es una sola** vez, sino continua. La resistencia de Jesús obligó al tentador a retirarse, pero no a conceder la derrota para siempre. Este detalle subraya la naturaleza realista de la guerra espiritual para los creyentes. **La tentación y el desafío volverán**, a veces en nuevas formas o en momentos inesperados.

Esta realidad mantiene a los discípulos alerta. La armadura de Dios, descrita en **Efesios 6:11**, no es para una sola batalla, sino para toda una vida de resistencia. Pablo dice: *"Ponte toda la armadura de Dios para que puedas plantar cara a los planes del* ***diablo**."* Saber que la lucha nos visitará significa construir hábitos de vigilancia: Con la Escritura, la oración, y la comunidad espiritual, para que así puedan mantenerse firmes, para cuando el tentador con sus tentaciones encuentre otro "**momento oportuno**".

La resistencia de Jesús en el desierto se convierte en un ejemplo vivo del camino de todo creyente. **En lugar de prometer una escapatoria de la lucha espiritual**, asegura que, mediante disciplina sostenida, fundamento bíblico y dependencia honesta de Dios, podemos mantenernos de pie, recuperarnos y avanzar cada vez que regresa la prueba. - (Manning et al., 2019; University, 2025).

Resumen y Reflexión del Capítulo 16

Ahora que hemos explorado el raro caso de el ***opositor** como ***tentador,** a través de los cuarenta días de pruebas en el desierto que experimento Jesús, su cronología, propósito y significado espiritual, podemos entender mejor cómo las pruebas moldean la fe y prepararnos para el ministerio. **Este capítulo muestra** que soportar las dificultades fortalece y madura, revelando la verdadera naturaleza de nuestra confianza en Dios. La dependencia de Jesús en las Escrituras durante la tentación (enfrentandose a ***satanas**), nos enseña a anclarnos en la Palabra de Dios cuando enfrentamos desafíos, mientras que Su tiempo de soledad resalta la importancia de la preparación silenciosa junto a la batalla espiritual. Reconocer la realidad de que **las luchas espirituales continuarán** nos recuerda mantenernos vigilantes, equipados con oración y Escritura para mantenernos firmes. Con estas ideas, tanto jóvenes creyentes como líderes pueden afrontar su propio camino con confianza, sabiendo que la perseverancia a través de la prueba no solo es esperada, sino esencial para el crecimiento, el servicio y la fe duradera.

Lista de Referencias del Capítulo 16:

Referencia bíblica primaria:

Mateo 4:10. y Lucas 4:13 – (Biblia) – (Varias Versiones)

Otras referencias:

Guzik, D. (9 de diciembre de 2015). *Mateo capítulo 4*. - enduringword.com

Manning, L., Ferris, M., Narváez Rosario, C., Prues, M., & Bouchard, L. (2019). *Resiliencia espiritual: Comprender la protección y promoción del bienestar en la vida adulta*. Revista de Religión, Espiritualidad y Religión; Envejecimiento. - doi.org

La tentación de Cristo - Lucas 4:1-13. (2023). Comunidad de San Ignacio. - st-ignatius.net.

University, C. (2025). *Afrontando los retos de la vida: Mantener la fe en tiempos difíciles | CCU Online*. - ccu.edu.

PARTE 6:

RAREZA DE …

UN REINO; DIVINO Y TERRENAL

Fusión de Los Cielos y La Tierra

Capítulo 17:

Caso Raro de...

"Las FIERAS"

¿Criaturas (Animales) Literales, o Fuerzas Simbólicas? (En el Desierto/Tentación de Jesus)

Marcos 1:13 ..."Y Estaba Con Las Fieras"... - Según la Biblia – (*Versión Reina Valera*).

Terrenal/Espiritual; Conflicto o Coalición

Cuando nos pintamos imaginación a Jesús en el desierto, imaginamos un silencio amplio, roto solo por el susurro de criaturas invisibles, (o/y posiblemente visibles para El). ¿Pero qué significaba cuando **Marcos dijo**: *..."y estaba con **las fieras**"*? **¿Eran estos animales/**(entidades); **peligros literales** acechando en el desierto, **símbolos** de batallas espirituales más profundas o algo completamente distinto? **Esta pregunta ha desconcertado tanto a lectores como a profesores**, invitándonos a detenernos y reflexionar sobre las capas que se esconden en solo unas pocas palabras. La historia del desierto no es un simple telón de fondo—esto es algo que nos desafía a mirar de cerca quién fue Jesús y lo que su tiempo a solas en el dsierto y ante la terntación, revela sobre la lucha entre la amenaza acechante, la paz y el poder.

Contexto de Trasfondo y Significado Teológico

La breve frase en **Marcos 1:13**—***"Él estaba con las bestias salvajes***"—ha dado lugar a toda una gama de interpretaciones, cada una abriendo una nueva forma de ver **la experiencia de Jesús en el desierto**. En lugar de elegir entre ellas, ayuda ver cómo estas perspectivas pueden encajarse juntas, cada una iluminando de forma diferente lo que podría parecer un pequeño detalle.

Algunos siempre han tomado las bestias salvajes muy literalmente. Para ellos, estos animales eran criaturas reales, reales, que vivían en la naturaleza de Judea. Este paisaje era conocido por sus leones, chacales, zorros, lobos, osos, serpientes y escorpiones—difícilmente un lugar seguro para alguien que pasara cuarenta días solo. **Leyendo el texto de esta manera**, el encuentro de Jesús con bestias salvajes llama la atención sobre su vulnerabilidad física. Los peligros no eran solo espirituales o emocionales; Eran de garras afiladas, rápidas y muy reales. Ayunar durante cuarenta días habría dejado a Jesús físicamente debilitado, rodeado de amenazas constantes. Su riesgo de hambre y bulnerabilidad a cualquier ataque, encaja con el énfasis más amplio de remarque en la plena humanidad de Jesús: el Hijo de Dios no escapa de los peligros y dolores ordinarios, sino que los vive al máximo. Cuando Marcos dice *que Jesús "estaba con las bestias salvajes"*, sitúa al lector de lleno en el corazón de esa dura y **arriesgada realidad**, sin intentar suavizarla. - (Marcos 1:13; Squires, 2021). Enfrentarse a animales salvajes en el desierto profundiza la seriedad de sus pruebas. La naturaleza salvaje y el aislamiento hacen que la historia sea más que simbolismo espiritual; subrayan que la lucha de Jesús fue encarnada, arriesgada y se habría experimentado con todos los sentidos. Esta lectura se relaciona con el mensaje más amplio del Evangelio: la solidaridad de Jesús con la experiencia humana incluye estar expuesto a amenazas, hambre y miedo.

Más allá de lo literal, la **interpretación simbólica** se basa en cómo funcionan las bestias salvajes a lo largo de la Biblia. En la literatura profética, los animales salvajes aparecen una y otra vez como avatares del caos, el juicio y el mal. Isaías describe la naturaleza como el "refugio de los chacales" donde deambulan poderes malignos. - (**Isaías 13:21**). Jeremías utiliza imágenes de criaturas salvajes para expresar la total desolación espiritual que ocurre cuando el orden de Dios se desmorona. - (**Jeremías 50:39**). **Los lectores que ven así a las bestias salvajes de esta frase de Marcos,** reconocen toda una tradición de animales que representan el peligro espiritual, en lugar de solo la amenaza física. A esta luz, la presencia de bestias en el desierto junto a Jesús insinúa la **batalla espiritual** que hay bajo la superficie: las tentaciones no son solo luchas internas, sino confrontaciones con los **poderes malignos que resisten el dominio de Dios**. La propia naturaleza salvaje era conocida como un lugar donde acechaban espíritus malignos y demonios. - (*La aparición de Jesús: Leyendo a Marcos a través del modo gótico – Journal for Interdisciplinary Biblical Studies*, 2022). La "prueba (tentación) de Satanás" ante Jesús viene acompañada de **bestias salvajes**, subrayando la sensación de que todos los poderes del caos y la destrucción están desplegados en su contra. Los lectores que toman este camino ven a las bestias como algo más que un detalle narrativo; **son símbolos de los enemigos espirituales a los que** Jesús se enfrenta cuando se interpone entre la voluntad de Dios y la oposición de Satanás.

Tomando las cosas en otra dirección, hay una visión que se centra en la paz entre Jesús y los animales salvajes. En lugar de imaginar un encuentro hostil o peligroso, algunos lectores ven un atisbo de compañía, o al menos de aceptación mutua. Esta idea surge de cómo la construcción griega en Marcos apunta a una relación pacífica, una que refleja la promesa de Dios para una creación sanada. **Isaías 11:6-9** describe célebremente el futuro reino pacífico, donde *"el lobo habitará con el cordero... y un niño pequeño* *los guiará."* La presencia de Jesús entre las fieras, sin daño que le ocurra, prefigura esta era de armonía. - (Squires, 2021). En lugar de defensa o miedo, la escena sugiere autoridad: animales que normalmente serían peligrosos no atacan. **Algunos llaman a Jesús el nuevo Adán**, viviendo la armonía con la creación perdida desde el Edén. Otros ven una señal del **Mesías, que lleva shalom a todo el mundo de Dios**, no solo a las personas, sino a la tierra, el agua y las criaturas salvajes. **La aparición de ángeles sirviendo a Jesús** junto a bestias dóciles amplifica aún más esta interpretación: aquí hay un Señor que manda tanto en el reino natural como en el sobrenatural.

En lugar de forzar la elección entre ambos, la cuarta y más detallada lectura une las tres lentes. Según muchos estudiosos, **el Evangelio de Marcos** está lleno de texturas simbólicas y recuerdos históricos a la vez. Los cuarenta días en la naturaleza estuvieron absolutamente llenos de peligros reales, incluidos animales salvajes. Al mismo tiempo, los animales habrían invocado para la audiencia de Marcos una serie de imágenes bíblicas de caos, maldad y poderes demoníacos. Además, la compañía o presencia de **fieras** insinúa restauración: Jesús no viene solo para sobrevivir al desierto, sino para redimirlo. **El lenguaje de Marcos** permite que todos estos significados existan juntos: Jesús está literalmente expuesto a animales salvajes, libra una batalla espiritual con Satanás y muestra una paz que insinúa el futuro prometido por Dios. - (Squires, 2021; *La Aparición de Jesús: Leyendo a Marcos a través del modo gótico – Journal for Interdisciplinary Biblical Studies*, 2022). Esta interpretación en capas nos permite ver cómo funciona la historia en muchos niveles, invitando a los lectores a encontrar tanto **la realidad inmediata como una profunda promesa teológica en una sola frase**. Las fieras pueden ser un detalle menor en términos de espacio, pero su presencia en la narrativa del Evangelio invita a una reflexión más profunda sobre la complejidad y profundidad de la prueba de Jesús en el desierto.

Enfoques para Interpretar las "fieras" en Marcos 1:13

Examinar **la frase de Marcos** *"estaba con las fieras"* abre la puerta a varios caminos interpretativos, cada uno ofreciendo sus propias perspectivas sobre el texto y la identidad de Jesús. Cuatro enfoques principales moldean la discusión entre académicos, pastores y estudiantes: **literal**, **simbólico**, **de autoridad sobre la creación** y **interpretaciones combinadas**. Cada uno se basa en las Escrituras y la teología de manera significativa.

POSIBILIDAD DE INTERPRETACIÓN 1:

Interpretación literal: Enfrentarse al Peligro Real y la Vulnerabilidad Humana

Primero el enfoque literal, algunos lectores ven la referencia de Marcos como una observación directa. Aquí, las **"fieras"** se encuentran en la naturaleza de Judea: lobos, chacales, serpientes o leopardos, (y otros posibles animales naturales). Aceptar este detalle tal cual pone de manifiesto el **verdadero peligro físico que Jesús soportó**. **Marcos 1:13** sitúa a Jesús en un entorno expuesto y aislado, donde las amenazas no solo provenían de fuentes espirituales, sino **también del mundo natural**.

Esta lectura fortalece nuestro entendimiento de la Encarnación. Afirma que **la humanidad de Jesús** incluía la experiencia del riesgo y la incomodidad corporal. No llegó a un desierto simbólico ni sanitizado; por el contrario, los desafíos que enfrentó fueron inmediatos y reales. Su capacidad para soportar el hambre, el calor, la exposición y la presencia de animales salvajes subraya su plena participación en la condición humana, no solo en pruebas espirituales, sino también en toda forma de vulnerabilidad humana. - (*BYU Studies*, 2025). Al enfrentarse a los mismos peligros que las personas en su tiempo, el sufrimiento de Jesús se vuelve más accesible y fácil de identificar para quienes enfrentan sus propias pruebas en el desierto de nuestras vidas, ya sean grandes o pequeñas.

POSIBILIDAD DE INTERPRETACIÓN 2:

Interpretación Simbólica : Caos Espiritual y Oposición Demoníaca

Pasando de amenazas naturales a espirituales, la interpretación simbólica explora el uso bíblico de **"fieras"** como figuras del mal, el caos y las fuerzas demoníacas. Los profetas a menudo utilizaban la imaginería de animales peligrosos para representar realidades espirituales hostiles o destructivas. **Isaías 13:21** pinta una tierra desolada llena de criaturas salvajes, una imagen de caos tras el juicio. **Jeremías 50:39** habla de chacales y animales salvajes como símbolos de la esterilidad y abandono espiritual de Babilonia.

Siguiendo esta línea, algunos lectores descubren que las "las fieras" de Marcos 1:13 apuntan más allá de los animales literales hacia una batalla espiritual más profunda. Jesús no lucha simplemente contra el hambre o la sed. Su soledad entre las fieras refleja historias bíblicas anteriores donde el caos y el peligro representan la presencia del mal. Manteniéndose firme, Jesús derrota no solo las tentaciones de Satanás, sino también todo el reino simbolizado por las fieras amenazantes. - (Gibson, 2022). El desierto se convierte en un campo de batalla para la guerra espiritual, evocando cómo las Escrituras describen a Satanás como un león rugiente que busca devorar. - (1 Pedro 5:8).

Para oyentes y lectores, este enfoque pone de relieve la realidad de las luchas espirituales. Invita a la reflexión sobre cómo el mal, la tentación y el caos aún acechan en las estaciones de la vida salvaje.

POSIBILIDAD DE INTERPRETACIÓN 3:

Interpretación de la Autoridad Sobre la Creación: El Reino Pacífico Presagiado

Otra perspectiva interpreta el pasaje como una declaración de la autoridad y misión divina de Jesús. Desde esta perspectiva, **"él estaba con las bestias salvajes"** muestra una paz y dominio milagrosos, ya que las criaturas peligrosas no le hacen daño. La imagen recuerda la visión del profeta Isaías sobre una creación restaurada: *"El lobo habitará con el cordero, el leopardo se recostará con la cabra joven... No dañarán ni destruirán toda mi santa montaña."* - (**Isaías 11:6-9**). En la estancia de Jesús en el desierto, reina la paz donde antes reinaba la violencia.

Esta interpretación señala **a Jesús como quien trae la paz del reino de Dios**, comenzando la restauración de la armonía entre la humanidad y la creación. En lugar de ser atacado o asustado, la presencia de Jesús doma el desierto, señalando Su poder sobre todos los ámbitos—espiritual, físico y cósmico. - (*BYU Studies*, 2025; Gibson, 2022). **La escena** presagia su victoria final, no solo sobre la tentación, sino también sobre la decadencia, la muerte y el desorden que introduce el pecado.

Visión Combinada: Capas de Significado Acerca de las Fieras en el Desierto Descrito por Marcos

Muchos líderes de estudios bíblicos y lectores atentos reconocen que el estilo narrativo de Marcos fomenta múltiples capas de significado. Lo **literal** y **lo simbólico** no son mutuamente excluyentes, sino que se construyen mutuamente. La presencia de Jesús entre animales literales comunica tanto el riesgo bruto de su misión como su entrada en el alcance completo del peligro humano, mientras que la dimensión simbólica amplía el alcance de la historia hacia el ámbito de la guerra espiritual y la derrota del poder del mal.

Al mismo tiempo, la noción de autoridad sobre la creación se superpone tanto a lecturas literales como simbólicas, apuntando hacia la **renovación y la esperanza incrustadas en el ministerio de Jesús**. La mención de Marcos de las bestias salvajes, en su simple brevedad, sugiere una convergencia de estas verdades: el verdadero riesgo que Jesús aceptó, la batalla más amplia que libró y la victoria de ultimátum que empezó a revelar. - (Gibson, 2022).

Abordar **el detalle de Marcos** sobre las **fieras** a través de cualquiera de estas interpretaciones invita a una reflexión más profunda, pero mantenerlo todo unido como un tapiz rico puede ayudar a jóvenes creyentes y grupos de estudio bíblico a reflexionar **sobre la identidad única de Jesús** como humano y divino, conquistador del caos y portador de paz. Cada lente añade dimensión a la historia, fomentando la confianza y la esperanza para los viajes por la naturaleza hoy en día.

Resumen y Reflexión del Capítulo 17

Ahora que hemos explorado las diferentes formas de entender el momento de Jesús ante la tentación y "**con las fieras**" en el desierto —peligro literal, batalla espiritual, autoridad pacífica y su combinación— podemos apreciar cómo esta breve frase abre una ventana rica a la identidad y misión de Jesús. Reconocer estas capas nos invita a ver a Jesús no solo como **plenamente humano**, enfrentando riesgos reales, sino también como aquel que enfrenta el mal y restaura la paz a la creación. Esta comprensión más profunda nos anima a confiar más en Él, a través de nuestros propios tiempos difíciles, sabiendo que Su experiencia en el desierto tiene un significado más allá de la superficie. Al reflexionar sobre estas ideas, estamos mejor preparados para liderar discusiones reflexivas, fortalecer la fe y encontrar esperanza cuando enfrentamos nuestros propios desafíos.

Lista de Referencias del Capítulo 17:

Referencia bíblica primaria

Marcos 1:13 ..."Y Estaba Con Las Fieras"... - Según la Biblia – (*Versión Reina Valera).* *Y tanbién otras Versiones...*

Otras referencias:

Estudios de BYU. Teología en el Evangelio de Marcos (2025). - byu.edu

Gibson, J. B. (23 de septiembre de 2022). *Jesús en el desierto: El propósito de su "tentación" en el desierto* - academia.edu

Squires, J. T. (16 de febrero de 2021). *Cuarenta días, guiados por el Espíritu: Jesús en el desierto (Marcos 1; Cuaresma 1B).* Una fe informada – johntsquires.com

La Aparición de Jesús: Leyendo a Marcos a través del Modo Gótico – Journal for Interdisciplinary Biblical Studies. (19 de julio de 2022). - hcommons.org.

Capítulo 18:

Caso Raro de...

'ÁNGELES Sirviendo' a Jesús

Rescate, Ministerio, Metáfora, ... o... (?)

<u>Mateo 4:11</u>. Según; la Biblia – (L a Biblia de Las Americas*)*; "<u>Ángeles vinieron</u> y <u>le *servían*</u>". – (NVI); …ángeles acudieron "<u>*a servirle*</u>". – (VRV 1960); ...Vinieron ángeles y *le servían.* "

El raro caso de "Ángeles sirviendo a Jesús", al final de los 40 días de ayuno y '**después' de que Satanás terminara** con todas **las tentaciones** y le dejara de tentar en esa ocasión.

Tras cuarenta días de ayuno y enfrentando la tentación implacable en el desierto, se despliega un momento de tranquilidad: **llegan ángeles para servir a Jesús**. Esta breve escena ha intrigado a los lectores durante siglos, planteando preguntas sobre **quiénes eran estos ángeles** y qué significa su presencia. ¿Cómo deberíamos entender este encuentro—como **un rescate real**, **una señal de ánimo** o **un símbolo** más profundo? Diferentes traducciones e interpretaciones de la Biblia ofrecen perspectivas variadas, cada una añadiendo capas de significado. Al observar detenidamente el lenguaje y explorar estas perspectivas lado a lado, obtenemos nuevas formas de pensar sobre **el cuidado divino** que hablan con fuerza a cualquiera que enfrente hoy en día las pruebas.

Comparación de Escenas y Traducciones: Planteando las Preguntas y Cómo las Palabras Moldean el Significado

Entre los relatos bíblicos, **Mateo 4:11** destaca como un momento de profunda interacción divina: *"Entonces el diablo le dejó; y he aquí, **vinieron ángeles** y comenzaron a **servirle**."* Desentrañando este versículo, los lectores pueden abordar el **ministerio de los** ángeles a través de tres marcos interpretativos, cada uno ofreciendo ideas únicas que trabajan en armonía para revelar la riqueza del cuidado celestial hacia Jesús y cómo esto moldea la imaginación espiritual de los creyentes hoy. - (*Mateo 4:11 - Comentario bíblico versículo por versículo - StudyLight.org*, 2025).

La **interpretación literal de la asistencia angelical** trata la llegada y el ministerio de los ángeles como una realidad histórica. Desde esta perspectiva, los ángeles son vistos como verdaderos mensajeros celestiales que brindaron a Jesús el **apoyo físico y espiritual que** necesitaba profundamente tras cuarenta días de ayuno y lucha contra la tentación. La frase **"servirle (ministrarle) a Él"** indica que los **ángeles** (posiblemente) hicieron más que simplemente aparecer: cuidaron, ayudaron e incluso ofrecieron sustento, haciendo eco del cuidado mostrado hacia otros héroes bíblicos. - (1 Reyes 19:5-8). Cuando Elías se desplomó por el agotamiento y la desesperación, un ángel le trajo comida y le ánimo, reviviendo su espíritu y cuerpo para las tareas que le esperaban. En la historia de Daniel, la protección angelical en la guarida del león era una señal concreta de la intervención de Dios, trayendo verdadera seguridad a Daniel ante el peligro mortal. **Los "ángeles (sirvirndo) como ministradores"** presentes en las Escrituras actúan consistentemente de manera directa y tangible, lo que da peso a la expectativa de que Dios puede y actúa de manera decisiva y práctica en tiempos de crisis. - (Oluwafemi, 2020). Los cristianos evangélicos suelen enfatizar esta interpretación directa porque resalta la disposición de Dios a irrumpir en la historia, ofreciendo (lo que llamamos) apoyo sobrenatural en respuesta a una necesidad genuina.

Al pasar a una **interpretación simbólica de ánimo**, la presencia de los ángeles adquiere un significado sorprendentemente diferente pero complementario. En lugar de centrarse principalmente en la ayuda física, esta perspectiva ve a estos ángeles como símbolos de afirmación y ánimo divinos en un momento espiritual decisivo. **En esta lectura**, el ministerio de los ángeles representa la aprobación de Dios a la fidelidad de Jesús a través de la tentación y la prueba. Su presencia atenta al final de la prueba señala al lector que Dios está complacido y afirma activamente la determinación y acto decisivo de Su siervo. Para quienes hoy viven batallas espirituales, esta imaginería funciona como un sello poderoso: una seguridad de que soportar la dificultad en la fe trae no solo alivio eventual, sino también el 'bien hecho' no dicho de Dios. Los creyentes que enfrentan reveses o soledad espiritual pueden encontrar un profundo consuelo en la idea de que el ministerio angélico simboliza la aprobación de Dios, incluso si sus luchas no son vistas o no reconocidas por otros. El "ministerio angelical" aquí podría ser espiritual y emocional más que tangible, ofreciendo el impulso interior que tan a menudo se requiere durante las temporadas de prueba de fe. El lenguaje simbólico de las Escrituras fomenta la aplicación personal: cuando la aprobación de Dios brilla tras una tormenta, los creyentes reciben fuerza para continuar en la fidelidad. -

(Oluwafemi, 2020). En diversas tradiciones teológicas, tales momentos de aliento divino apuntan a la compañía afirmativa de Dios en el camino a través de la dificultad.

Una **interpretación metafórica** ofrece otra dimensión, sugiriendo que la historia utiliza **a los ángeles como herramienta literaria** en lugar de como un registro de intervención sobrenatural. Aquí, el enfoque de la narración se desplaza de los acontecimientos físicos a la verdad perdurable de que el cuidado de Dios trasciende las acciones visibles o los rescates dramáticos. Los ángeles representan una seguridad eterna—por muy aislado o tenso que estuviera, Jesús nunca estuvo realmente solo. Incluso sin intervención directa ni milagros evidentes, la presencia divina le sostuvo **en su hora de necesidad**. Este enfoque enseña que la conciencia y la compasión de Dios son constantes, aunque no siempre se demuestren en manifestaciones extraordinarias. Muchos lectores encuentran consuelo en esto, reconociendo que sus propias oraciones no siempre generan respuestas inmediatas o visibles, pero la atención de Dios sigue siendo firme. Al ver a los ángeles como ejemplos del cuidado invisible de Dios, los creyentes aprenden a confiar en una presencia fiel que no se limite a lo obvio o sensacional. - (*Mateo 4:11 - Comentario bíblico versículo por versículo - StudyLight.org*, 2025). Esta perspectiva metafórica está respaldada por estudiosos evangélicos que equilibran la interpretación literaria con la lealtad a la autoridad bíblica, mostrando cómo reconocer recursos literarios puede potenciar, y no socavar, la verdad bíblica.

Combinar estos enfoques interpretativos conduce a una comprensión más completa y en capas. Un encuentro angelical literal puede transmitir simultáneamente un ánimo simbólico y funcionar como metáfora de realidades teológicas más amplias. Por ejemplo, al enfrentarse a una crisis personal, algunos pueden experimentar ayuda clara y tangible, otros se sienten elevados en espíritu y otros descansan solo en la profunda seguridad de que Dios permanece cerca. Explorar estos marcos lado a lado abre un compromiso dinámico y vivo con el texto, invitando a los jóvenes adultos a reconocer que Dios provee, afirma y permanece constante, sin importar cómo aparezca Su ministerio. - (*Mateo 4:11 - Comentario bíblico versículo por versículo - StudyLight.org*, 2025; Oluwafemi, 2020). Sosteniendo estas **posibilidades**, los lectores podrían preguntarse: En mis propias luchas, ¿dónde observo la ayuda divina—a través del apoyo de los amigos, el ánimo interior o una tranquila sensación de la presencia de Dios? ¿Qué interpretación describe mejor la forma del ministerio de Dios en mi vida actual?

Tres Lecturas Interpretativas del Ministerio Angelical y su Convivencia

Los ángeles que ministran (sirviendo) a Jesús en Mateo 4:11 han sido leídos y discutidos por generaciones de cristianos, cada grupo aportando diferentes marcos interpretativos al texto. Tres enfoques principales siguen siendo significativos para los jóvenes creyentes y líderes de estudios bíblicos hoy en día: la ayuda literal, el ánimo simbólico y la representación metafórica. Cada perspectiva se basa en las elecciones lingüísticas en la traducción de la Biblia, así como en una amplia gama de estudios teológicos evangélicos, para resaltar las capas de cuidado y apoyo divino en momentos de presión o prueba.

POSIBILIDAD DE INTERPRETACIÓN 1:

Asistencia Literal: Ángeles Como Cuidadores Divinos

La **interpretación literal de la asistencia angelical** ve a estos ángeles como **seres reales y sobrenaturales** enviados por Dios para prestar verdadera ayuda a Jesús tras cuarenta días de tentación y ayuno en el desierto. Esta ayuda podría haber incluido tanto el cuidado físico —igual que los ángeles daban a Elías comida y bebida en su propio tiempo de debilidad (**1 Reyes 19:5-8**)— como el ánimo espiritual, como se describe más tarde en Getsemaní cuando un ángel fortalece a Jesús durante su agonía (**Lucas 22:43**). Los teólogos evangélicos han argumentado durante mucho tiempo que tales lecturas se alinean con patrones bíblicos más amplios de intervención divina, donde Dios envía a Sus mensajeros para servir y sostener a quienes le son devotos, no como simples símbolos sino como agentes activos que participan en el plan de Dios. - (Bonino, 2024). **Hebreos 1:14** describe a los ángeles como *"espíritus en el servicio divino, enviados a servir por el bien de quienes heredarán la salvación"*, apoyando este punto de vista o interpretación. Los jóvenes creyentes o recien convertidos, pueden encontrar consuelo en la idea de que el cuidado de Dios a veces toma forma tangible en nuestros momentos más débiles, ya sea fuerza para el alma o provisión material necesaria. Este enfoque anima a quienes leen **Mateo 4:11** a confiar en un Dios que está cerca y permanece activamente involucrado en la vida de su pueblo.

POSIBILIDAD DE INTERPRETACIÓN 2:

Ánimo Simbólico: Los Ángeles Como Signos de Aprobación y Consuelo Divinos

Leyendo el mismo pasaje tal como un **estímulo simbólico o ánimo de fortalecimiento**, los intérpretes ven la aparición de ángeles tras la victoria de Jesús sobre Satanás no solo como un evento, sino como una señal visible de la aprobación y el deleite de Dios en la obediencia de su amado Hijo. A lo largo de las Escrituras, Dios a menudo envía confirmaciones externas tras temporadas de pruebas: arcoíris tras el diluvio, posesion y llenura del Espíritu Santo en forma de palomas en el bautismo de Jesús. Aquí, **el ministerio de los ángeles señala un punto de inflexión decisivo**: el Padre afirma la fidelidad de Su Hijo ante la tentación extrema, tal como las huestes de ángeles en Belén; cuando dieron alabanza a Dios y proclamaron la gloria en el nacimiento de Jesús. - (Lucas 2:9–14; Bonino, 2024). Algunos estudiosos señalan que los primeros cristianos entendían la presencia angelical en la adoración como una señal de que el cielo y la tierra están unidos en momentos de profunda importancia espiritual. **Esta lectura simbólica** transmite un mensaje de esperanza pastoral: cuando los creyentes superan pruebas difíciles, **Dios puede enviar recordatorios visibles o emocionales de Su cuidado**. Los jóvenes creyentes al igual que los christianos maduros en la fe, pueden reconocer ese ánimo en oraciones respondidas, palabras amables de otros o una repentina sensación de paz tras la ansiedad. La historia recuerda a los lectores buscar señales del gozo y la presencia de Dios, incluso cuando las circunstancias han sido agotadoras.

POSIBILIDAD DE INTERPRETACIÓN 3:

Metáfora del Cuidado Divino: Los Ángeles Representan la Presencia y Protección Continua de Dios

Quienes adoptan **la interpretación metafórica** se centran en el poder narrativo de los ángeles para representar la presencia constante y a menudo invisible de Dios, sin insistir en un evento físico. Ver a los "ángeles" de esta manera no niega la verdad del cuidado de Dios, sino que resalta la realidad más profunda detrás de la historia: Jesús nunca estuvo solo, aunque los compañeros humanos estuvieron ausentes. El lenguaje aquí se convierte en un recurso literario, elegido para reforzar la seguridad de que el apoyo de Dios permanece, incluso cuando no parece haber rescate inmediato. - (Bonino, 2024). **Esto revive la forma en que los creyentes contemporáneos podrían interpretar sus propias historias**: quizá ninguna figura angelical entre en su habitación, pero momentos de consuelo inesperado, reflexión o recuperación llevan el mismo mensaje. La hermenéutica evangélica enfatiza que leer las Escrituras a la luz de su sentido común aún deja espacio para un significado complejo, siempre que el contexto lo justifique. - (*Un testimonio de Jesucristo: 2.7 - Interpretando símbolos*, 2025). Para quienes viven tiempos de silencio, solitarios o confusos, el enfoque metafórico fomenta la búsqueda de la compañía de

Dios, no solo en eventos milagrosos, sino también en las pequeñas y sostenedoras gracias/bondades que llegan en silencio.

Posibilidad Interrelacionada de Interpretaciones; Enriquecimiento de la Comprensión

Cada lectura no es enemiga de las demás. **Las interpretaciones literales, simbólicas y metafóricas** a menudo interactúan, igual que se necesitan diferentes instrumentos para distintas notas en una canción. Cuando estas perspectivas se unen, invitan a un compromiso más profundo con las Escrituras. **Un momento puede mostrar la mano de Dios como real e invisible,** práctica y profunda, adaptada a cada camino de fe. Esto abre preguntas para la reflexión: ¿Has visto la ayuda de Dios de una manera dramática o material? ¿Sentiste aprobación o un ánimo amable después de una prueba o ensayo? ¿Dónde notas la ayuda de Dios, incluso cuando no aparece hacia fuera? Explorar estas preguntas ayuda a los jóvenes creyentes, al igual que a los Cristianos con muchos años en la fe, a ir más allá de la superficie del texto, dándoles lenguaje y categorías para percibir el movimiento de Dios en su propio camino—ya sea a través de ayuda sobrenatural, símbolos significativos o la calidez silenciosa de una presencia cariñosa. - (Bonino, 2024; *Un testimonio de Jesucristo: 2.7 - Interpretando símbolos*, 2025).

Resumen y Reflexión del Capítulo 18

Ahora que hemos explorado las interpretaciones **literales**, **simbólicas** y **metafóricas** de los ángeles que llegan a ministrar (sirviendo) a Jesús tras su tentación del desierto, los lectores están preparados para abordar este pasaje de una manera más significativa. Reconocer cómo estas perspectivas se complementan en lugar de contradicirse, invita tanto a jóvenes creyentes como a líderes de estudio, a apreciar la profundidad del cuidado divino que se representa—no solo como hecho histórico, sino también como un poderoso estímulo y una presencia duradera. Esta comprensión en capas fomenta la reflexión personal sobre cómo **el apoyo de Dios puede aparecer de forma única en cada vida**, ya sea a través de ayuda tangible, señales tranquilizadoras o una paz interior tranquila. De cara al futuro, este enfoque holístico puede profundizar en el camino de fe e inspirar debates reflexivos sobre cómo Dios nos ministra de diversas formas durante nuestros propios momentos de prueba y crecimiento.

Lista de Referencias del Capítulo 18

Referencia bíblica primaria:

Mateo 4:11. Según; la Biblia – (La Biblia de Las Americas); "Ángeles vinieron y le *servían*". – (Biblia: Nueva Versión Internacional); ...ángeles acuieron "*a servirle*". – (Biblia: Versión Reina Valera 1960); ...Vinieron ángeles y *le servían.* "

Otras referencias:

Un testimonio de Jesucristo: 2.7 - Interpretando símbolos. (2025). - spiritandtruth.org

Bonino, S.-T. (29 de febrero de 2024). *Ángeles en la teología cristiana.* Enciclopedia de Teología de St Andrews. - saet.ac.uk.

Mateo 4:11 - Comentario bíblico versículo por versículo - StudyLight.org. (2025). - studylight.org

Oluwafemi, E. (2020). *Un análisis comparativo del cristianismo y los conceptos islámicos de ángeles: la panacea a la armonía religiosa.* - academia.edu.

Conclusión

Al concluir con este libro, damos un paso atrás y contemplamos el panorama de momentos raros y enigmáticos descritos en los cuatro Evangelios—encuentros que desafían suposiciones fáciles e invitan tanto al pensamiento cuidadoso como a la fe imaginativa. **Las historias o pasajes explorados a lo largo de estos capítulos no son los hilos familiares que se suelen captar en la escuela dominical o en lecturas informales**; más bien, son **los casos raros**: escenas de profundo misterio, simbolismo en capas e intervención única que se desarrollan silenciosamente en los márgenes del Nuevo Testamento. Al centrarnos en estos pasajes, abrimos un camino para jóvenes creyentes, Cristianos de varios años en la fe, líderes de estudios bíblicos, educadores y exploradores espirituales por igual—un camino que une la curiosidad analítica con la aplicación en la vida real, evitando un lenguaje demasiado técnico, para que cada lector sea bienvenido en el viaje.

En el centro de todos estos **casos raros del Evangelio** está la idea de que la actividad de Dios a menudo aparece de formas inesperadas. Funcionan como invitaciones—llamándonos a cuestionar lo que hemos supuesto sobre los límites entre lo ordinario y lo divino, lo natural y lo sobrenatural, lo visible y lo invisible. Ya sea un bebé saltando en el vientre de la madre, al encontrarse con la madre (emarazada) de Jesús, o un ángel apareciendo en la noche dentro de en un sueño para dar instrucciones, cada historia pregunta: ¿Puedes ver la mano de Dios en **lo raro e inusual**, lo desconcertante y lo fácil de pasar por alto?

Una de las lecciones más **consistentes extraídas de estos pasajes raros** es que Dios actúa tanto antes de que comience la comprensión humana como más allá de donde termina nuestro sentido de control. **Cada posibilidad de interpretación** —milagro literal, símbolo, mensaje teológico o explicación histórica— muestra que los Evangelios son de multicapas teológicas, dejando espacio para un debate reflexivo y una maravilla compartida. Para cualquiera que enseñe o estudie con jóvenes creyents, o en un grupo de estudio bíblico para Cristianos maduros, es importante fomentar la exploración honesta aquí, demostrando cómo la fe no tiene por qué rehuir ante preguntas difíciles, sino que puede prosperar en medio de ellas.

A lo largo del libro, se presta **especial atención** a los riesgos y **responsabilidades de la interpretación en sí**. Cuando Satanás retuerce las Escrituras, usando las promesas de Dios como arma para la tentación, se hacen evidentes los riesgos de una lectura cuidadosa. El compromiso seguro con **estos textos** antiguos requiere conciencia del contexto, discernimiento espiritual y responsabilidad comunitaria. El ánimo que se ofrece aquí es práctico: **lee mucho**, **ora regularmente** y agradece correcciones y perspectivas de otros. Este enfoque no solo protege contra el error, sino que invita a una sabiduría más profunda—un recurso vital para jóvenes adultos y líderes que buscan una fe que madure en lugar de estancarse.

Otro tema recurrente es la interacción entre **la experiencia literal** y **el significado simbólico**. Las '**fieras'** alrededor de Jesús durante la tentación en el Evangelio de Marcos, la **aparición de 'ángeles ministrando o sirviendo a Jesús'** y **la deslumbrante 'visión de todos los reinos del mundo'** comprimen hechos y metáforas, amenaza presente y promesa futura, realidad física y victoria espiritual. **El efecto acumulativo de estudiar estos casos raros** es el cultivo de una fe que acoge preguntas, disfruta del misterio y permanece arraigada en el amor y el carácter de Dios revelados en Jesucristo. Para los jóvenes creyentess que buscan autenticidad, para enseñadores/líderes de grupo que buscan fomentar la curiosidad, y para cualquier buscador de profundas vredades bíblicas cansado de respuestas trilladas, estas historias ofrecen un terreno fértil para la transformación. Demuestran que **encontrarse con Dios** rara vez significa explicarlo todo; en cambio, nos llama a responder con confianza, integridad y **esperanza cuando nos enfrentamos a algo raro, extraño o sin resolver**.

La discusión y reflexión sobre estos pasajes no exige títulos avanzados ni vocabulario especializado. En cambio, lo que se requiere es la disposición a escuchar con atención, pensar profundamente y caminar con humildad. **Este libro anima a los lectores a compartir abiertamente sus ideas y dudas**, a construir comunidades de apoyo donde diferentes **'Posibilidades de Interpretaciones'** generen diálogo en lugar de división, y a modelar una fe lo suficientemente sólida como para entretener la incertidumbre mientras se mantiene fiel a lo esencial.

Al dejar estas páginas, la invitación permanece: **vive con los ojos abiertos** para los **casos raros** en tu propio camino. Espera que Dios actúe en lo sorprendente y lo silencioso, lo obvio y lo oculto. Confía en que Él te encuentra en el desierto, habla suavemente en sueños, ofrece valor en medio de la tentación y te envía ayuda tanto en formas dramáticas como silenciosas. Toma las lecciones aprendidas de estos enigmáticos pasajes—la iniciativa de Dios viene antes que preguntamos, Su poder a menudo aparece revestido de debilidad, Sus respuestas pueden inquietar antes de traer paz—y deja que influyan en cómo te involucras con las Escrituras, la comunidad y tu propio camino diario.

En resumen, explorar los **CASOS RAROS** en el Nuevo Testamento no solo amplía el conocimiento; también fomenta la resiliencia, la empatía, la curiosidad y la confianza. Crea una base para una fe reflexiva y duradera—lo suficientemente ágil para un estudio serio, lo bastante cálida para preguntas honestas y lo bastante generosa para abrazar las diferencias. Que estas reflexiones **te preparen para enseñar**, liderar y aprender de manera que honre tanto la riqueza del Reino de Dios en esta Palabra como la complejidad de las vidas que alcanza. Que tu búsqueda de comprensión continúe trayendo luz, sabiduría y **renovación mientras 'descubres lo extraordinario'** en las historias, pasajes, o versos que al principio parecen **raros**, pero que, al leerlas con atención, se revelan como esenciales.

Fin.

Sobre el Autor

José E. Espinoza es escritor, instructor y guía cristiano especializado en **liderazgo** y desarrollo personal para jóvenes, personas con experiencia y profesionales en el camino de la fe. Jose es un **misionero** dedicado desde su juventud; comprometido de forma constante a proclamar y compartir **el Mensaje Evangélico del Reino de Dios.**

Otros libros del autor

Disponible en Amazon:

TEMAS EXTRAÑOS LIBRO #1

Fenómenos bíblicos enigmáticos con posibilidad de interpretación: Día Uno – Antes del diluvio

Mensaje de Jesús #1

Proclamación del Reino de los Cielos en la Tierra como objetivo principal

NUEVA VIDA En 3 Prioridades de T R I U M P H

Transformación ABC En El Reino de Dios

www.ingramcontent.com/pod-product-compliance
Lightning Source LLC
Chambersburg PA
CBHW081227090426
42738CB00016B/3213

* 9 7 8 1 9 6 7 8 2 6 0 5 6 *